Apprendre à écrire de la PS à la GS

MARIE-THÉRÈSE ZERBATO-POUDOU

Maternelle

W0400380

RETZ
www.editions-retz.com
9 bis, rue Abel Hovelacque
75013 Paris

Tous mes remerciements…
… aux enseignantes qui m'ont reçue et aidée:
Martine et Laurence (école maternelle J.-J. Rousseau, Vitrolles, 13).
Dominique et Annick (école maternelle La Valbarelle, Marseille, 13).
Françoise (école maternelle Sextius, Aix-en-Provence, 13).
Florence (école élémentaire H. Damofli, Martigues, 13).
… aux élèves de la classe de Laurence (GS) et de Florence (CP)
qui ont accepté ma présence.
… aux enfants qui m'ont apporté leur aide et leurs travaux:
Carla, Hugo, Mattéo et Amaury.

ISBN: 978-2-7256-2707-6
© Retz, 2007

Sommaire

Introduction

Le langage écrit est précisément l'algèbre du langage. Et de même que l'assimilation de l'algèbre n'est pas une répétition de l'étude de l'arithmétique mais représente un plan nouveau et supérieur du développement de la pensée mathématique abstraite, laquelle réorganise et élève à un niveau supérieur la pensée arithmétique qui s'est élaborée antérieurement, de même l'algèbre du langage – le langage écrit – permet à l'enfant d'accéder au plan abstrait le plus élevé du langage, réorganisant par là même aussi, le psychisme antérieur du langage oral.

(Vygotski, 1934/1985)

Apprendre à écrire, une belle aventure intellectuelle

L'écrit est un objet moins simple à s'approprier qu'il n'y paraît, et bien que son aspect graphique retienne de prime abord l'attention, apprendre à écrire n'est pas la simple transformation de « traits » en lettres, ce n'est pas la suite « naturelle » des exercices graphiques, ce n'est pas la production d'un dessin, ni la simple transcription de l'oral en signes tracés sur un support, car la distance entre la langue parlée et la langue écrite est importante.

L'écrit est un outil, un instrument psychologique comme l'a montré Vygotski, complexe par son organisation et sa mise en œuvre mais aussi par ses fonctions.

C'est un langage qui ne s'apprend pas de façon « naturelle » comme la langue orale, et s'il nécessite de nombreuses compétences, il repose principalement sur une activité symbolique, réflexive, donc volontaire et consciente. Les automatismes sont seconds dans ce processus.

En effet, par l'écriture, le petit enfant entre dans un monde expressif singulier dont il doit maîtriser les règles et se soumettre à des conventions bien précises, issues tout autant de l'histoire de l'écriture spécifique à son groupe social, que de l'histoire de son enseignement et des choix pédagogiques élaborés au cours du temps et sans cesse remis en cause.

De ce fait, apprendre à écrire n'est pas une activité anodine, elle nécessite pour l'élève l'appropriation de techniques mais aussi un prodigieux travail cognitif, c'est un véritable « transformateur cognitif » (Lahire, 1993).

Cela explique que cet apprentissage ne va pas de soi : s'il repose sur le niveau de développement des élèves, il nécessite également l'élaboration d'un dispositif d'enseignement adapté ; comme le soulignent Auzias et Ajuriaguerra (1986), il « *requiert un certain niveau d'évolution du langage, une maîtrise de l'espace graphique, un certain degré de développement moteur, praxique et affectif. L'acquisition de l'écriture dépend aussi des méthodes d'apprentissage* ». C'est ce dernier point qui retient notre attention car la thématique du rapport au savoir, du rapport aux activités et aux apprentissages, est centrale en pédagogie.

En effet, à l'école maternelle, le rapport aux objets de savoir est tout aussi présent qu'à l'école élémentaire ; cependant, pour la première, il est complexe, à la fois concret et abstrait. Tout en incitant l'enfant à établir un rapport concret aux objets de savoir par des activités de manipulation, par les jeux éducatifs, on l'initie à un autre rapport au monde plus distancié, médiatisé par les systèmes symboliques, notamment les langages (langue orale et écrite, langage mathématique, etc.). Très tôt en effet, l'enfant est placé devant des situations où il manipule des symboles et des signes : dessiner, schématiser, reconnaître des mots, son prénom, signer son travail, trier et classer des objets, créer des collections, etc. Ainsi, les systèmes symboliques sont sollicités en permanence. Or, ces systèmes sont des constructions humaines particulières qui ne se réduisent pas simplement à une reconnaissance et à une utilisation mais qui exigent de l'enfant d'effectuer un véritable « bond culturel » : passer de la pensée concrète à la pensée abstraite et, pour cela, modifier sa relation au langage oral (qui devient outil de pensée) comme sa relation au langage écrit tel qu'il le connaissait jusqu'ici.

L'apprentissage de ces savoirs s'effectue dans des situations d'« enseignement-apprentissage » où ils sont « mis en scène » et traités collectivement en classe pour une appropriation individuelle. Bien plus, ils constituent des objets de pensée, ce qui rend leur maîtrise si importante. Il faut donc ne pas perdre de vue que l'appropriation des systèmes symboliques est un véritable enjeu d'insertion scolaire, sociale et de développement personnel.

Cette approche montre combien le passage à l'écrit va au-delà d'une simple application des règles. La difficulté consiste à mettre en place des situations scolaires susceptibles de conduire les élèves à s'engager dans ce processus avec intérêt, sans appréhension. Se pose alors la question des modes de transmission de ces systèmes, cet enseignement devenant un souci permanent et prioritaire pour les professeurs des écoles.

Il est temps d'élaborer une réflexion sur l'enseignement de l'écriture, jamais remis en question car considéré longtemps comme un simple exercice technique, peu explicité auparavant dans les instructions officielles, si ce n'est en termes de performance à atteindre (« être capable de ... »). Alors que les programmes de 2007 et le document d'accompagnement « Le langage à l'école maternelle » de 2006 donnaient de précieuses directives pour cet apprentissage, ceux de 2008 associent plus étroitement graphisme et écriture sans pour autant définir les liens qu'ils entretiennent et préciser clairement comment mener avec efficacité ce double apprentissage.

Par ailleurs, cet enseignement de l'écriture subit souvent des directives diverses et parfois peu fiables, ce qui déroute aussi les enseignants. Or, le hasard et l'improvisation n'ont pas leur place dans cet apprentissage qui ne peut être ni banalisé ni laissé au tâtonnement et à la spontanéité des élèves. Il doit, en effet, occuper une place spécifique dans les classes et répondre à une organisation rigoureuse, et néanmoins attrayante.

Les particularités de l'écrit

L'écriture est un système[1] de signes, qui prend diverses formes selon les cultures et l'histoire des groupes sociaux qui en ont initié l'usage.

La compréhension d'une écriture n'est jamais immédiate mais toujours différée : la connaissance du code est une nécessité ; sans cette clé, l'écriture demeure inaccessible, pur algorithme graphique, indéchiffrable message. Une transcription sous forme de signes doit répondre à plusieurs conditions pour bénéficier du label d'« écriture » : la présence de signes fixes ou éléments conventionnels, reconnaissables, identifiables, successifs, linéaires, articulés entre eux selon une organisation stable, ainsi que le fait de détenir un contenu et une expression signifiante.

Si les deux systèmes symboliques, langage oral et langage écrit, coïncident par un contenu identique – l'objet « signifié » –, ils diffèrent fondamentalement car ce sont deux « signifiants » différents (éléments vocaux *vs* éléments graphiques) qui ont le même but : représenter une réalité, concrète ou abstraite.

1. Un système est un ensemble organisé d'éléments reliés entre eux et exerçant une influence les uns sur les autres.

C'est ainsi qu'apparaissent à la surface de la terre, à des moments différents, des représentations d'abord sous forme pictographique qui suggèrent des objets ou actions, puis de véritables écritures pictographiques[2] comme en Égypte. Les pictogrammes égyptiens peuvent être considérés comme une véritable écriture car ce sont des signes conventionnels, organisés en système. Apparaissent également les écritures idéographiques (le chinois) qui constituent un stock de signes à valeur constante (ce qui nécessite des milliers de signes), des écritures phonographiques[3] qui vont prendre en compte l'expression phonique des mots et qui vont transcrire les sons de la langue orale : écritures syllabiques (chaque signe représente un son, il faut en moyenne 80 à 120 signes) ou alphabétiques[4] (chaque signe représente un son et plusieurs signes sont regroupés pour représenter un son, ce qui nécessite environ 30 signes). Certaines écritures se complexifient en combinant plusieurs aspects (écriture idéo-phonographique japonaise Kanji). Pictogrammes et idéogrammes ne sont pas des formes infantiles de l'écriture (Leroi-Gourhan, 1964).

• • Les fonctions de l'écrit

L'écrit ne se résume pas à son seul aspect calligraphique ni à sa fonction de communication : il possède d'autres finalités. C'est un aide-mémoire, pour chacun individuellement et aussi pour les civilisations ; il peut être un symbole magico-religieux, revêtir un caractère sacré, il fédère et consolide les groupes sociaux qui partagent le même système d'écriture, il dévoile la personnalité des scripteurs. Certains ont ainsi cherché à créer une harmonie en ajoutant des ornementations dans ses tracés (lettrines et enluminures du Moyen Âge, écritures chinoises, arabes…), la calligraphie est devenue un art. L'art de l'écriture a longtemps été réservé à une élite, et son enseignement à un plus grand nombre a débuté avec Jean-Baptiste de La Salle, à la fin du XVIIe siècle, qui s'est donné comme objectif de diffuser plus massivement le savoir-faire des scribes professionnels.

---

2. Les pictogrammes en usage dans nos sociétés, comme par exemple le code de la route ou autres représentations habituelles dans les lieux publics, sont des symboles signifiants mais ce ne sont pas des langages au sens linguistique du terme, ce sont des images plus ou moins stylisées.

3. Dans l'écriture phonographique, le signe graphique dénote un son (alphabet) ou un *groupe de sons* (syllabes).

4. L'écriture phonétique qui se fonde sur un alphabet exige un lien entre l'écrit et l'oral qui se limite strictement à associer un symbole abstrait à un son.

• • Diversité et évolution des signes

L'organisation des signes s'est diversifiée : déroulement horizontal de gauche à droite pour les écritures dites latines, de droite à gauche pour les écritures hébraïques et arabes, en boustrophédon pour le grec ancien (à la manière des sillons du labour), en colonne en Chine (écriture traditionnelle) et au Japon.

Le tracé manuel des lettres évolue au travers des outils : calames, plumes d'oie, plumes d'acier plus ou moins fines, crayons de papier, stylos-billes dont l'usage se généralise vers 1950, et plus tard apparition des crayons-feutres... ; mais aussi au travers des supports, des tablettes d'argile au parchemin puis aux papiers, d'abord rugueux puis de plus en plus fins et lisses. L'évolution se réalise aussi sous l'influence des scribes, des érudits (choix d'écritures élégantes), des politiques (la Caroline sous Charlemagne), des universitaires, des hommes d'église (l'écriture Italique[5], à la source des écritures Humanistiques, a été appelée *Cancelleresca*, car elle provenait de la chancellerie du Vatican), des nécessités de la vie quotidienne (écrire vite) et des choix pédagogiques.

On peut suivre cette évolution, de la Romaine à la Rustica, de l'Onciale à la Caroline, avec les écritures Gothiques (XIIe et XIIIe siècles) et les écritures dites Humanistiques (XVe), autrement dit l'Italique, la Ronde. Nous présentons des modèles d'écriture en annexe, p. 161.

À l'heure actuelle, de nombreux modèles sont proposés dans le commerce, et gardent, pour la plupart, la trace de certaines pratiques pédagogiques ancrées dans la mémoire collective et qui n'ont souvent d'autre légitimité que les outils (la plume généralement) et la nostalgie d'une époque. Reste à se poser la question de leur utilité et de leurs effets sur l'apprentissage (c'est le cas des traits d'attaque des lettres, des « œillets » ou boucles dans le O, le R, etc.).

La maîtrise de l'écriture manuscrite est à présent communément partagée, et reste encore une nécessité, même à l'ère des outils de communication les plus modernes. C'est l'objectif premier des enseignants d'école maternelle. Cependant sa mise en œuvre n'est pas aussi simple, et si ceux-ci bénéficient de nombreux modèles de tracé de lettres, peu d'ouvrages leur apportent des pistes pour organiser de façon raisonnable et raisonnée leurs dispositifs pédagogiques au quotidien. Nous essayons ici de les aider dans cette construction.

5. L'Italique diffusée notamment par Niccolo Niccoli, est issue de la minuscule humanistique. Avec le temps, elle engendrera l'anglaise.

Présentation de l'ouvrage

Cet ouvrage a pour objectif de répondre aux attentes des enseignants de maternelle concernant l'enseignement de l'acte d'écriture, le moment où, pour la première fois, l'élève est placé devant la copie d'un mot, son prénom la plupart du temps. Se posent alors de nombreuses questions: À quel moment commencer? Comment s'y prendre? Quel modèle proposer? Comment aider? Bref, toutes questions concernant la mise en œuvre concrète, dans une classe, de cet apprentissage complexe. Les enseignants ont pour tâche d'aider les élèves à la maîtrise de techniques, mais pas seulement; ils ont surtout pour mission de développer les processus de pensée qui leur permettront l'appropriation des savoirs et des techniques, mais aussi de réguler les apprentissages. Ceci suppose une pratique pédagogique centrée sur l'activité réflexive plus que sur la seule performance.

Dans le domaine de l'écriture, les enseignants ont souvent été livrés à leurs seules initiatives, les Instructions, trop générales ou floues, se révélant rapidement stériles, les références aux pratiques familières et personnelles montrant leurs limites. Divers fichiers se présentent comme des ressources intéressantes et utiles, mais en même temps peu satisfaisantes; la pratique pédagogique en est parfois affaiblie, le dialogue didactique évincé et le sens se consume dans des tâches stéréotypées et répétitives qui morcèlent l'objet d'apprentissage.

Pour enseigner et répondre aux objectifs de l'institution, aux attentes des familles et aux besoins des élèves, il est nécessaire d'élaborer une pratique pédagogique rationnelle, performante et théoriquement étayée. C'est ce que se propose de faire cet ouvrage. Sa conception est issue d'une réflexion reposant à la fois sur une longue pratique de classe en école maternelle et sur une recherche qui a permis de mettre en œuvre des principes théoriques pour tenter de résoudre la question du rapport au savoir « langue écrite », et qui a initié une pratique pédagogique centrée sur les interactions.

L'ouvrage présente à la fois des situations concrètes, les arguments théoriques qui les étayent et les instructions officielles qui en délimitent le champ.

La première partie expose les **principes fondamentaux** à la source de la conception des dispositifs pédagogiques. Comprendre les principes qui en constituent l'ossature et y adhérer est indispensable pour conduire avec succès l'apprentissage de l'écriture.

La **progressivité de l'apprentissage** de l'écriture est présentée en deuxième partie pour chacune des **trois sections** de l'école maternelle, assortie des dispositifs et tâches qui peuvent s'y dérouler au cours de l'année scolaire. Le chapitre concernant la moyenne section expose de façon détaillée la conduite des activités de verbalisation au cours des premiers apprentissages. Il présente l'actualisation des principes fondamentaux et leur mise en pratique concrète. Des exemples en assurent l'appropriation.

En troisième partie sont également traitées les **questions** que se posent le plus souvent les enseignants au sujet de cet apprentissage : elles concernent les contenus, les outils et les supports, ainsi que les difficultés le plus fréquemment rencontrées par les élèves. Des **travaux d'élèves** caractéristiques y sont exposés et discutés.

Enfin, des **modèles d'écriture** et les caractéristiques des différentes graphies sont présentés en annexe.

Au cours de l'ouvrage sont mises en exergue les citations issues des programmes et des documents d'accompagnement des programmes. Parallèlement, des conseils et des remarques pour l'enseignant figurent dans les encadrés « À noter » ( ); des rappels ou des précisions théoriques sont proposés dans les encadrés « À savoir » ( ).

Partie I

Enseigner l'écriture à l'école maternelle : le choix d'une pédagogie

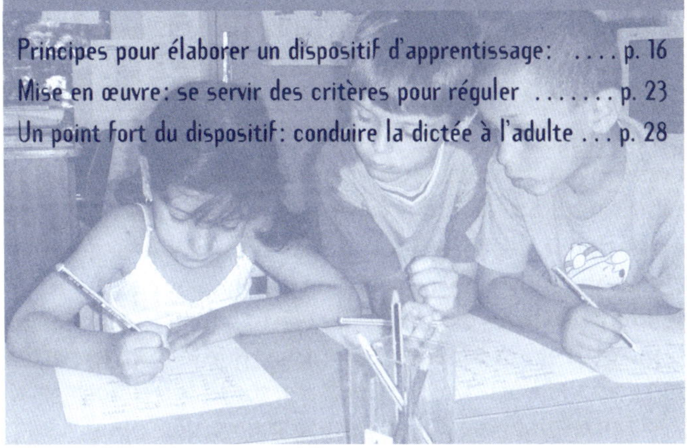

Principes pour élaborer un dispositif d'apprentissage

L'apprentissage de l'écriture manuscrite est presque exclusivement enseigné à l'école, car il se révèle plus complexe que l'apprentissage de la lecture. En effet, s'il arrive que certains enfants apprennent à lire seuls (sans enseignement intentionnel et systématisé de la part des adultes), rares sont les apprentissages spontanés de l'écriture, surtout de l'écriture cursive. On peut sans doute attribuer ce constat au fait que l'acte d'écriture est coûteux en énergie : il repose sur le maniement d'un outil scripteur, nécessite des compétences motrices et visuo-motrices contraignantes, le respect de normes ou de conventions pas toujours intelligibles, toutes choses qui peuvent limiter l'investissement des élèves.

Jusqu'à présent dominait l'idée selon laquelle les exercices graphiques étaient suffisants pour installer les habiletés graphiques nécessaires pour écrire ultérieurement. Or, les difficultés des élèves pour s'approprier l'écriture cursive, malgré cet entraînement montrent que le transfert attendu ne se produit pas toujours. De plus, investir sur la seule performance motrice, c'est faire l'impasse sur la nature même de l'objet « langue écrite », qui ne se limite pas à l'acte moteur, comme le précisent les programmes :

> *Si les activités d'écriture requièrent des compétences graphomotrices, elles sont indissociables d'apprentissages linguistiques.*
>
> (Programmes 2007)

Les principes que nous proposons représentent les fondements d'une pratique pédagogique réfléchie, un cadrage, pour aborder l'apprentissage premier de l'écriture en tenant compte des différentes dimensions de cet apprentissage et des enjeux qui s'y rattachent.

Ce dispositif est applicable quel que soit le type d'écriture enseigné (capitale, script, cursive) et à tous les niveaux de l'école maternelle (même au cours préparatoire et cours élémentaire qui parachèvent cet apprentissage). Il suffit d'identifier les besoins des élèves et de respecter les principes fondamentaux que nous précisons ci-après.

L'apprentissage de l'écriture exige une activité conduite et guidée par l'enseignant qui se réalise dans des conditions aménagées.

(Document d'accompagnement des programmes : *Le Langage à l'école maternelle*)

Le dispositif concernant l'activité d'écriture est fondé principalement sur les échanges élèves-enseignant, élèves-élèves…

→ … dans un contexte signifiant, qui organise le milieu de travail et met en scène les situations d'apprentissage.

Premier postulat Questionner les traditionnels pré-requis graphiques	**Deuxième postulat** Créer une culture de l'écrit	**Troisième postulat** Organiser un collectif de travail
La tradition veut que les exercices graphiques soient les pré-requis incontournables et imposés pour préparer l'écriture cursive. Or, **l'écriture n'est pas en filiation directe avec les exercices graphiques**, elle a ses propres règles et spécificités. Le transfert espéré ne va pas de soi. On apprend à écrire en écrivant, et non en déguisant les lettres en dessins.	Le milieu de travail doit être soigneusement **organisé** et les activités **ritualisées** pour que les élèves s'approprient l'objet social « langue écrite » et s'investissent dans une activité d'apprentissage clairement identifiée. Reproduire fidèlement un modèle ne témoigne pas du rapport élaboré par l'élève au savoir « langue écrite ». C'est le contexte qui l'aide à se repérer dans la complexité des tâches scolaires.	Écrire est certes une activité individuelle ; cependant, sa maîtrise se nourrit d'échanges et d'analyses collectives : ce qui est énoncé collectivement peut être intériorisé par chacun. C'est en échangeant avec les autres, adultes et pairs, au sujet de l'organisation des mots, des lettres, des procédures d'écriture, que les élèves élaborent des repères pour agir et qu'ils s'approprient les règles de l'écriture. Les entraînements sont par la suite affaire individuelle pour incorporer les savoirs.

Questionner les traditionnels pré-requis graphiques

Jusqu'à présent, les exercices graphiques étaient considérés comme des pré-requis fondamentaux, incontournables et même obligatoires pour préparer l'entrée dans l'écriture. Ils ont acquis une fonction particulière par la ressemblance qu'offrent les lignes et formes étudiées avec les lettres ou segments de lettres, mais aussi par les automatismes qu'ils installent : orientation gauche-droite, alignements, organisation des éléments sur la feuille... Autrement dit, tout ce qui concerne les règles et conventions de l'écriture, exercées de ce fait hors du contexte de l'écriture. Ceci conduit à un amalgame entre dessin, graphisme et écriture qui n'aide pas les élèves à clarifier leur rapport à l'activité (Tracer les écailles du poisson, est-ce du dessin, du graphisme, une initiation à certaines lettres ? Compléter un dessin, est-ce une situation d'apprentissage ?) ni leur rapport au savoir de la langue écrite.

Les liens entre ces trois activités graphiques sont à présent clarifiés, aussi bien par la recherche (Zerbato-Poudou, 2000) que par les instructions officielles :

> *Ces trois dimensions de l'activité symbolique (le dessin, le graphisme, l'écriture) sont exercées à tous les niveaux de l'école maternelle sans jamais être confondues.*
>
> (Programmes 2007)

Cependant, si les exercices graphiques ne sont plus considérés comme des substituts d'écriture, ils conservent néanmoins leurs propres finalités, c'est-à-dire le développement de processus généraux : le guidage de l'action (exécuter des tracés volontaires) et la discrimination visuelle nécessaires à **toute** activité grapho-motrice, qu'elle soit à destination de dessins, de motifs décoratifs ou d'écriture. Encore faut-il instaurer une pédagogie qui conduit à éduquer réellement l'attention visuelle – découvrir, observer et discriminer les formes – et à développer les habiletés gestuelles pour elles-mêmes – explorer les possibilités motrices, acquérir une gestuelle diversifiée et adaptée, analyser les différentes procédures –, tout ceci autrement que par la seule injonction de « faire comme le modèle ». Par la suite, la gestualité propre à l'écriture doit être étudiée spécifiquement, ce qui est facilité si la motricité corporelle globale comme la motricité fine sont bien développées dans des contextes variés.

Reste à montrer de la vigilance sur la qualité des exercices graphiques, à s'affranchir des fiches photocopiées qui banalisent cette activité, pour que les élèves, non seulement contrôlent leurs actions mais donnent également du sens à leur activité.

À l'école maternelle, il n'est guère d'apprentissages qui exigent le recours à des supports photocopiés, sauf sans doute les poèmes, comptines et chansons. À ce niveau de la scolarité, les acquisitions se font par des jeux, par des manipulations, dans des activités animées par l'enseignant, dans des échanges langagiers à propos des activités et des lectures, dans des situations de production graphique, ou d'écriture pour les plus grands.
(BO n° 39 du 27 octobre 2005)

Créer une culture de l'écrit

Pour que l'écriture revête un statut d'objet captivant à découvrir, pour que son apprentissage devienne un défi et non une corvée et qu'il soit associé au plaisir (celui de la maîtrise et celui de la connaissance), il faut aménager un contexte créant une véritable « culture de l'écrit ». Cette culture, si elle nécessite des contacts fréquents et diversifiés avec des écrits variés, s'appuie aussi sur l'organisation matérielle et symbolique de la classe, qui est développée dans les programmes.

Pour bien fonctionner, sans conflits ni exclusion, la classe est organisée comme un réseau d'échanges ; elle l'est réellement si les élèves se voient, s'entendent et s'ils ont des idées, des avis, des intérêts à partager. Cela requiert des dispositifs matériels adaptés, une vie de classe riche et un climat fait de respect et d'écoute bienveillante. Ainsi, la disposition des tables et l'organisation du lieu où se déroulent les échanges collectifs, la nature des espaces et l'organisation temporelle de chaque journée doivent être réfléchies dans cette perspective. L'enseignant crée les conditions pour que les élèves voient tous ce dont on parle, soient assis confortablement, sachent pourquoi ils sont réunis et ce que l'on attend d'eux. (Document d'accompagnement des programmes : *Le Langage à l'école maternelle*)

• • L'organisation matérielle

Voici quelques conseils pour mettre en place votre installation.

• Les outils

Il est conseillé de placer sur une table ou une étagère les crayons qui servent uniquement à l'activité d'écriture, même s'ils sont de même nature que ceux du dessin ou du graphisme. Ils vont ainsi acquérir un statut spécifique et, de plus, seront préservés de la dégradation.

Il est possible d'ajouter d'autres outils, au fur et à mesure qu'ils sont découverts et testés : plumes d'oie, calames, pinceaux chinois, plumes, porte-plumes et encres, stylos-billes, gommes, effaceurs, règles…

Enfin, il est utile de déposer dans des bacs des feuilles de papier consacrées à l'écriture, même si elles ne sont pas différentes des feuilles utilisées par ailleurs. Pourquoi cependant ne pas les distinguer par une couleur, un format différents? Mettre aussi des ardoises, des carnets, des feuilles réglées ou à carreaux, même si écrire entre deux lignes n'est pas l'objectif immédiat de votre classe.

Un ordinateur et éventuellement une machine à écrire ont bien évidemment leur place dans cet espace.

• Les référents

Dans des boîtes doivent être déposées des étiquettes avec des mots connus ou non (mots simples), des lettres découpées de différentes graphies (capitale, script, cursive).

Face à cet espace dédié à l'écriture, il est important d'afficher au mur des posters, sans se limiter au traditionnel alphabet qui, bien entendu, a sa place, mais ne remplace pas d'autres types d'écrits venus de cultures différentes: écritures chinoise, arabe, russe, hiéroglyphes, écriture cunéiforme, lettrines[1], calligraphies (tout type d'écriture qui a été présenté en cours d'année) ou encore diverses polices d'écriture trouvées sur Internet.

Il peut être intéressant aussi de présenter des ouvrages illustrés sur l'histoire de l'écriture, sur l'histoire des lettres de l'alphabet, des photos représentant des élèves, des adultes, en train d'écrire…

Ce « coin écriture » peut être utilisé librement par les élèves à tout moment de la journée pour des activités d'écriture autonome (écrits inventés, copies de mots ou lettres, etc.)

• • La ritualisation des séances d'apprentissage

C'est une étape nécessaire à l'apprentissage: « *À l'école maternelle, ce n'est pas la nature du savoir qui fait que les élèves distinguent le travail du jeu, ou les activités entre elles. C'est le lieu et le moment de la journée, les outils et supports, le dialogue didactique qui lui permettent de donner du sens à son activité et aux différents objets de savoir. Ainsi faut-il accorder une attention toute particulière, de la petite à la grande section, aux processus de ritualisation qui définissent un milieu dans lequel les élèves vont s'approprier les outils de pensée et les significations sociales de l'activité, c'est-à-dire, pour reprendre une expression de Bruner, pouvoir entrer dans la culture.* » (Zerbato-Poudou, 2006)

1. Lettrine : première lettre d'un chapitre ou d'un paragraphe, généralement ornée et plus grosse que les autres.

La séance d'apprentissage d'écriture doit être rigoureusement conduite, toujours étayée par le maître et ritualisée, c'est-à-dire qu'elle doit se dérouler selon une organisation stable et porteuse de sens. Il faut exiger le calme, « ouvrir » la séance en désignant explicitement la tâche à accomplir, en l'inscrivant dans le contexte « langue écrite », en rappelant ce qui a été fait la dernière fois dans ce cadre, en précisant l'objectif visé. L'enseignant énonce les consignes du point de vue concret et didactique. En cours d'activité, il reste assis aux côtés des élèves. Il engage les analyses comme il est décrit dans la moyenne section (« Diriger les premières séances », p. 70). La séance doit « se clôturer » dans le calme ; le maître exige l'attention de tous, en énonçant les acquis réalisés, la règle découverte, et en tissant des liens avec les acquis précédents et les futurs travaux. En institutionnalisant ainsi la séance, les élèves peuvent donner du sens à la situation vécue et identifier les apprentissages visés.

Organiser un collectif de travail

> *Dans le but de créer le plus grand nombre d'échanges langagiers personnalisés, l'organisation de la classe en ateliers semble à privilégier. Ce dispositif paraît essentiel pour que l'enseignant puisse observer, échanger, comprendre et aider chacun dans la construction des compétences spécifiques aux cinq domaines d'activités.*
>
> (Document d'accompagnement des programmes : *Le Langage à l'école maternelle.*)

La construction sociale des connaissances repose sur le principe que le travail collectif permet à chacun d'apprendre et de progresser. Ce qui a été énoncé collectivement sera par la suite intériorisé individuellement par chacun.

Le **travail en ateliers** se révèle indispensable pour que l'enseignant puisse observer avec précision les attitudes d'un petit nombre d'élèves et effectuer un soutien adapté à chacun, ainsi que pour installer les conditions favorables aux interactions.

Le travail avec le **groupe-classe** dans sa totalité présente également des avantages : écrire tous les jours au tableau devant tous les élèves, redéfinir les règles, retravailler les situations déjà vécues en petit groupe, contribuent à réactiver les acquis dans un autre contexte et à instaurer un climat de classe où chacun peut se sentir membre d'une communauté d'apprenants.

Le **rôle de l'enseignant** est la clé de voûte de ces dispositifs ; il conduit, étaye et guide les apprentissages :

– il est toujours présent lors des séances d'apprentissage ;
– il conduit les interactions, cible les éléments déterminants de la tâche ;
– il soutient l'attention ;
– il propose des remédiations, offre des aides concrètes ou verbales ;
– il énonce les règles, institutionnalise les savoirs.

On reconnaît là les principes d'étayage définis par J. Bruner (1987) : l'ensemble des interactions d'assistance de l'adulte permettent à l'enfant d'apprendre à organiser ses conduites.

> *L'observation des productions des enfants par l'enseignant est déterminante. Elle permet de repérer la façon dont ils entrent dans cet apprentissage, de comprendre leur évolution à un âge où les disparités sont importantes. Le maître a ainsi les moyens de mettre en place la différenciation pédagogique nécessaire, de relancer, pour certains, ses propositions au-delà de ce qu'il avait prévu ou, au contraire, de découvrir des difficultés inattendues pour d'autres et donc de revenir sur ses choix.*
>
> (Programmes 2007)

Mise en œuvre : se servir des critères pour réguler

L'analyse de l'activité des élèves pour la copie d'un mot porte sur les deux aspects fondamentaux de l'écrit dans sa composante graphique : d'une part, la conformité des écrits, l'organisation du mot et la forme des lettres et, d'autre part, l'analyse des procédures de réalisation, des conventions de l'écriture.

Comme le montre ce schéma, l'activité concrète est verbalisée en référence aux critères d'évaluation.

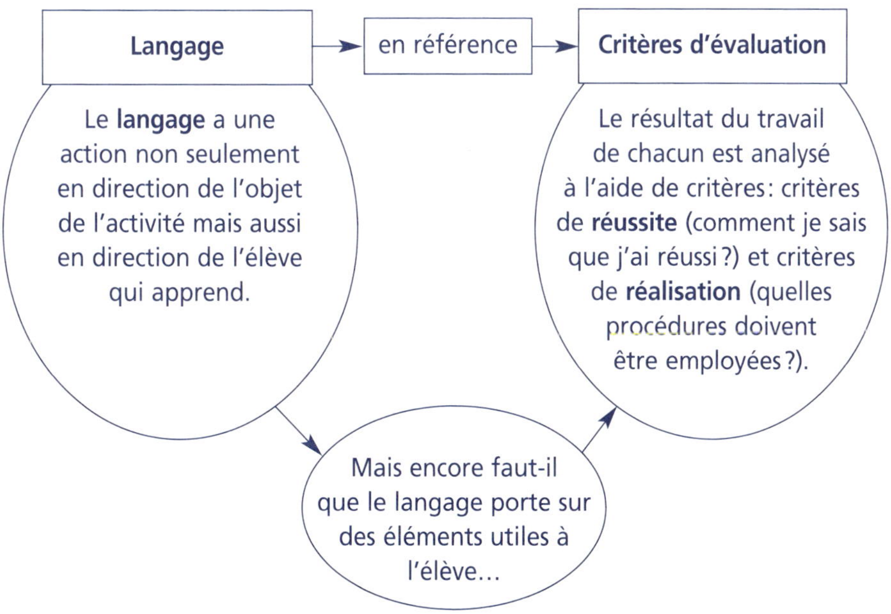

Verbaliser

La verbalisation des activités permet de donner sens aux productions et de les rendre communicables, elle permet aussi à l'enfant de se repérer et de se situer dans les étapes successives de l'apprentissage.

(Programmes de 2007)

Le langage est considéré ici dans **sa fonction de construction de la pensée**: mettre en mots ses actes, ses procédures, ses intentions, c'est organiser sa pensée. Les élèves sont sollicités pour parler de leur travail, chacun écoute, le maître guide les échanges, les canalise, énonce à la place de ceux qui ne savent pas. C'est le langage en situation qui est principalement utilisé ici. Le langage permet la mise à distance de l'action concrète qui sera évoquée, re-présentée mentalement (nécessaire à la prise de conscience), mais aussi la décentration par rapport aux mots qui vont signifier l'action et acquérir ainsi un autre statut. Il faut veiller à utiliser les termes exacts: ligne verticale, oblique, etc. pour introduire également le vocabulaire adapté et enrichir le lexique des élèves.

Évaluer

L'évaluation de ces compétences (en écriture) au début de la grande section permet à l'enseignant de situer la progression des élèves et de moduler ses exigences en fonction de leurs possibilités.

(Programmes 2007)

Le maître évalue régulièrement dans la journée, lors de l'exécution des tâches:

– Soit il constate la réussite sans s'y attarder: « C'est bien, tu as réussi. » Il se contente alors de **valider** le travail, l'élève ne reçoit aucune information sur ce qui fait la réussite, or cette dernière n'est pas nécessairement le signe d'un apprentissage effectif (les critères de réussite n'étant pas énoncés, ils sont laissés à la libre interprétation de l'élève).

– Soit il signale l'erreur, par exemple: « Tu as oublié une lettre » et il engage l'élève dans un processus de rectification (ajouter ce qui manque, dans le cas présent). Le critère de réussite est souligné par défaut, il n'est pas énoncé en tant que tel.

Dans ces deux cas, seul le résultat de l'action est validé mais sans référence aux critères qui demeurent implicites, à charge pour l'élève de relier sa réussite ou ses manques, qui sont localisés et contextualisés, aux critères adéquats attendus.

La pratique de verbalisation des critères, telle que nous la proposons, peut se qualifier d'**évaluation formative**. Elle s'appuie sur l'observation du fonctionnement des élèves en situation et suppose d'utiliser les critères de réussite et de réalisation comme des outils pour apprendre et permettre la régulation des processus. Cette évaluation ne se substitue pas aux autres évaluations, sa fonction est d'apporter une **aide** aux apprentissages.

À savoir

L'évaluation diagnostique se situe avant l'apprentissage, elle permet de déterminer le niveau des acquis des élèves pour définir une progression, organiser les groupes et différencier la pédagogie.

L'évaluation bilan, contrôle ou sommative concerne la fin d'un cycle d'apprentissage, elle permet de vérifier le résultat de l'apprentissage, elle fait la somme des acquis. Elle est souvent certificative.

L'évaluation pronostique sert pour les orientations, elle prévoit un cursus d'études en fonction des résultats observés.

Déterminer les critères d'évaluation

Les **critères** sont les éléments abstraits, concrétisés par des indicateurs, qui permettent de porter un jugement, d'évaluer le résultat d'une action, qu'elle soit concrète ou non. Les évaluations se font toujours en référence à des critères qu'ils soient objectifs ou subjectifs, implicites ou explicites. Les critères portent sur les résultats visibles et/ou sur les procédures d'exécution. À l'école, il est nécessaire d'énoncer les critères d'évaluation aux élèves pour, d'une part, donner un avis plus objectif à l'aide d'un référent stable permettant aux élèves de comprendre la nature et la valeur de l'évaluation et, d'autre part, donner du sens aux apprentissages en clarifiant le but à atteindre.

Ainsi, les **critères de réussite** permettent de décrire le résultat attendu. Les **critères de réalisation** portent sur les procédures d'exécution de la tâche, procédures parfois liées à l'objet de la tâche lui-même (écrire de gauche à droite est une procédure liée à l'objet « langue écrite »), parfois liées à des procédures personnelles, des façons de faire (la façon de mémoriser, par exemple).

Enfin, les **critères d'évaluation** réunissent ces deux types de critères, auxquels s'ajoutent les conditions de la tâche (par exemple, le nombre de mots à écrire, la durée du travail, la mise en page, etc.).

• • Les critères de réussite pour la copie de mots

La verbalisation se centre ici sur la conformité du résultat, par l'analyse des écritures réalisées.

Une fois la copie d'un mot terminée, il faut procéder à l'analyse des résultats visibles de l'activité : l'accent est mis alors sur la conformité des écrits au modèle. L'enseignant organise les observations, les comparaisons entre le modèle et les essais des élèves, il gère les interactions, et énonce ensuite les **règles de l'écrit**, qui sont les **critères de réussite** et répondent à la question : « À quoi je vois que mon travail d'écriture est réussi ? »

À noter

Nous faisons la distinction entre les règles de l'écrit et les règles de l'écriture. Les règles de l'écrit sont les règles du système « langue écrite » : alignement, orientation de gauche à droite, nature et forme des symboles (lettres) qui sont stables. Les règles de l'écriture sont les choix et techniques pour tracer les lettres, qui changent bien souvent selon les périodes, en fonction des outils utilisés (plume ou stylo) ou des méthodes pédagogiques (pencher ou non les lettres, nature des liaisons, etc.).

Voici une liste de critères de réussite :

- La complétude (le mot doit comporter toutes les lettres).
- L'ordre (place des lettres dans le mot).
- L'alignement (les lettres ne sont pas dispersées sur la feuille et suivent une trajectoire horizontale).
- La conformité des lettres, leur forme (lettres reconnaissables, sans déformations).
- Pour l'écriture cursive s'ajoutent :
    - la grandeur des lettres (lettres dépassant vers le haut ou le bas) ;
    - la qualité des liaisons des lettres entre elles.

La réussite de la tâche de copie découle du respect de ces règles qui sont les règles de l'écrit, de **tout** écrit et pas seulement du mot copié dans l'instant.

• • Les critères de réalisation

La verbalisation porte ici sur les procédures de réalisation, par l'analyse des gestes à accomplir.

Le seul examen de la forme ne dit pas quelles ont été les procédures utilisées pour aboutir à l'écriture du mot, des lettres. C'est l'examen des procédures de réalisation qui s'avère alors nécessaire.

Toujours avec l'enseignant, le groupe-classe observe les façons de faire de chacun. Il s'agit d'énoncer, de décrire, de justifier les gestes et l'organisation des actions, de les confronter entre elles et aux règles de l'écriture. L'enseignant introduit alors les **règles de l'écriture,** les **conventions,** pour le tracé des lettres, les **critères de réalisation** qui dépendent du type d'écriture (capitale, script, cursive) et qui répondent à la question: «Comment fait ma main pour tracer?»

Voici une liste des critères:

– Le respect de la trajectoire du mot (commencer par la première lettre à gauche et aller vers la droite) surtout pour les écrits en capitale ou en script[2].

– Le respect de la trajectoire des lettres: le **ductus** des lettres, en particulier pour l'écriture cursive.

Certains critères sont introduits au fur et à mesure des besoins.

L'observation de plusieurs alphabets peut donner lieu à des découvertes qui modifient visiblement les règles: par exemple, différentes formes du A en capitale d'imprimerie, observées sur des journaux ou magazines.

2. Compte tenu que dans ces deux types d'écriture les lettres ne sont pas liées, le mot peut être complet et les lettres en ordre, mais l'élève peut avoir commencé par écrire certaines lettres, plus faciles, et avoir inséré ensuite les autres. L'orientation de la trajectoire n'est alors pas respectée et doit être soulignée.

Un point fort du dispositif : conduire la dictée à l'adulte

En signifiant à autrui son approche de la situation, l'enfant commence à se signifier à lui-même la situation – et donc d'une certaine façon à se la re-présenter.
(M. Brossard, 2004)

Si la pratique de la verbalisation des critères est fructueuse, comme nous l'avons souligné précédemment, force est de constater que les élèves répondent à des questions qu'ils ne se poseraient pas sans la dictée à l'adulte.

La technique de la dictée à l'adulte que nous proposons ici introduit une dimension tout à fait différente de la situation de verbalisation. Dans ce cas, les élèves proposent des actions destinées à réguler celles qu'autrui (l'enseignant) doit réaliser, **ils font l'expérience sur autrui des processus de contrôle qu'ils peuvent s'appliquer ensuite à eux-mêmes**.

En n'effectuant pas eux-mêmes les tracés, d'une part, les élèves sont libérés de la tâche concrète, et, d'autre part, en décrivant verbalement les segments de lettre et en désignant les actions pour les tracer, ils s'engagent dans un processus de décentration.

À savoir

Cette technique repose sur la fonction du langage telle que la définit Vygotski et qui est résumée dans cette citation de Deleau (1983) : « *L'action propre, pour ainsi dire, s'extériorise aux yeux de l'enfant et se réfléchit dans la réponse d'autrui avant de s'intérioriser.* »

Par ailleurs, le choix des mots acquiert ici de l'importance : l'enseignant donne la bonne formule si elle n'est pas connue. Cette expérience montre aux élèves une nouvelle fonction du langage, qui devient l'organisateur de l'action, et leur révèle la valeur des mots, conduisant ainsi à une réorganisation psychique : l'action concrète se traduit à un niveau symbolique, un rapport nouveau s'établit avec les mots.

Cette technique peut s'appliquer en situation individuelle, en petits groupes ou avec toute la classe, pour écrire des mots ou des lettres, quelle que soit leur graphie, mais aussi pour les exercices graphiques (lignes, formes, motifs graphiques). Elle est toujours très performante. Les régulations sont souvent immédiates et bien intégrées.

Centration sur la forme

Il s'agit ici d'organiser des actions pour que la lettre (ou le mot) soit conforme au résultat attendu.

Voici un exemple pour le tracé d'une lettre.

L'enseignant : « Comment dois-je faire pour écrire cette lettre, le E ? »
Les élèves : « Il faut faire un trait bien droit. »
L'enseignant trace un trait bien droit, mais oblique et non vertical comme les élèves le voient et s'y attendent.
Les élèves : « Non, non, pas comme ça ! »
L'enseignant : « J'ai bien tracé un trait bien droit pourtant ! Comment doit-il être alors ? »
En général, les élèves montrent le tracé en faisant des gestes « en l'air » : « Comme ça ! »
L'enseignant précise : « Vertical ? »
Il trace et demande l'approbation des élèves : « Et maintenant ? »
Les élèves : « Il faut faire les petits traits. »
L'enseignant trace de petits traits n'importe où sur la feuille ; en ce sens, il répond strictement à la consigne.
Les élèves : « Non, non, accrochés au grand trait ! »
L'enseignant trace plusieurs traits « accrochés » au trait vertical.
Les élèves : « Non, pas trop, juste trois ! »
L'enseignant trace trois traits centrés sur la verticale.
Les élèves : « Non ! Il en faut un au bout en haut, un au bout en bas et un au milieu. »

L'enseignant trace les traits ou les formes demandées, mais, sciemment, ne les fait pas exactement comme le modèle pour conduire les élèves à préciser leur orientation, leur forme, leur organisation spatiale, leur grandeur, etc.
Si les élèves ne possèdent pas le vocabulaire adéquat, l'enseignant donne le bon terme, le fait répéter.

À noter

Il est également intéressant de montrer aux élèves une réalisation erronée et de la leur faire analyser. Il est toujours délicat de proposer les travaux inexacts issus des élèves de la classe : préparez vous-même des écrits comportant des erreurs, vous évacuez ainsi les risques liés aux affects négatifs.

Par la technique de la dictée à l'adulte, les élèves doivent organiser leurs données perceptives. Dans cette situation, c'est la conformité de la forme qui est recherchée : ainsi la verbalisation porte sur les critères de réussite.

Centration sur les procédures

De la même façon, les élèves sont sollicités pour décrire les gestes, les mouvements nécessaires à l'exécution des tracés selon les règles, et les procédures lorsque l'enseignant souhaite travailler la trajectoire.

En voici un exemple :

L'enseignant : « Que doit faire ma main pour tracer ce trait vertical ? Vers où doit-elle aller ? »
Les élèves (montrant avec des gestes la trajectoire) : « Vers là ! »
L'enseignant précise le terme exact : « Vers la droite ? »
La verbalisation continue.
La description des mouvements est particulièrement importante pour l'écriture cursive.

Dans cette situation, la verbalisation porte sur les critères de réalisation, les procédures d'exécution et plus particulièrement sur la direction à donner aux trajectoires. Par l'intermédiaire du maître, les élèves prennent conscience des aspects moteurs de l'écriture.
Par ce dispositif, les élèves sont également confrontés à la fonction du modèle (un référent stable) et au bien-fondé des consignes. C'est ainsi qu'ils acquièrent la compétence d'analyse d'un modèle graphique, quel qu'il soit (lettres, formes géométriques, graphismes).

À noter

Il est plus pertinent de parler du mouvement réalisé par la main que du seul résultat (le trait à droite par exemple). Car deux mouvements sont possibles pour un même tracé : vers la droite ou la gauche, vers le haut ou le bas. Plutôt que d'interdire la trajectoire erronée, il est plus judicieux de faire observer cette réalité, de faire tester les deux mouvements puis d'énoncer la règle ou les conventions de l'écriture.

Partie II
Conduire les apprentisages dans les trois sections

TABLEAU SYNOPTIQUE D'UN APPRENTISSAGE

L'apprentissage de l'écriture n'est pas une activité qui relève du conditionnement, elle doit être conduite avec prudence : il faut veiller à respecter le développement et le rythme d'apprentissage de chacun. Comme le rappellent les programmes de 2007 : « *Apprendre à écrire, c'est faire un long parcours qui débute tout juste à l'école maternelle et se prolonge tout au long du cycle des apprentissages fondamentaux, pour parvenir à une automatisation suffisante.* »

Les activités relatives à la découverte et à la manipulation de la « langue

	Petite section		
Objectifs à atteindre	Apprentissage de l'écriture non exigé en petite section.		
Compétences à installer (voir le livret d'accompagnement des programmes : *Le Langage à l'école maternelle*)	*– Reconnaître son prénom écrit en capitales d'imprimerie.* *– Reproduire un motif graphique simple en expliquant sa façon de procéder.*		
Programmation des activités réparties selon trois grandes périodes	**Période 1**	**Période 2**	**Période 3**
	- S'initier au langage écrit. - Reconnaître son prénom avec photo.	- Reconnaître son prénom sans indices. - Utiliser la boîte à prénoms.	- Manipuler des mots, des lettres. - Pour les plus habile commence des essais d'écriture.

PROGRESSIF POUR LES TROIS SECTIONS

écrite » sont présentées selon **trois grandes périodes** qui recouvrent approximativement les trimestres scolaires : début, milieu et fin d'année. Chacune des périodes hiérarchise la progressivité de cet apprentissage pour chaque section et comprend les situations spécifiques qui s'y réfèrent. Les activités graphiques (découverte et reproduction de lignes, formes et motifs graphiques) ne sont pas présentées ici ; pour ces dernières, se référer à la mallette *Activités graphiques et créatrices* (voir bibliographie p. 172).

Moyenne section			**Grande section**		
- Apprentissage de l'écriture du prénom en capitales d'imprimerie, avec puis sans modèle. - Copie de mots simples.			- Apprentissage systématisé de l'écriture cursive : écriture correcte du prénom avec puis sans modèle, copie d'autres mots. - Tenue correcte du corps et de l'instrument.		
- *Écrire son prénom en capitales d'imprimerie avec le modèle et sans erreur (lettres formées et non dessinées approximativement).* - *Écrire son prénom en capitales d'imprimerie sans le modèle (lettres formées).*			- *Écrire son prénom en écriture cursive sans modèle (lettres formées et enchaînées correctement).* - *Écrire une ligne en écriture cursive, avec le modèle seulement (lettres formées et enchaînées correctement, position correcte).*		
Période 1	**Période 2**	**Période 3**	**Période 1**	**Période 2**	**Période 3**
- Vérifier les acquis. - Réinitialiser le rapport à la langue écrite.	- Conduire les premières activités d'apprentissage d'écriture en capitales. - Stabiliser et s'entraîner.	Organiser la généralisation et le transfert.	- Réinitialiser le rapport à la langue écrite. - Vérifier et consolider les acquis.	Systématiser l'apprentissage de l'écriture cursive.	- S'exercer. - Renforcer la cursivité. - Généraliser et transférer les acquis.

Petite section

L'apprentissage de l'écriture au sens propre du terme n'est pas un objectif de petite section. Préparer à l'écrit ne signifie pas « apprentissage précoce ». Les élèves ne sont pas toutefois tenus à l'écart de la langue écrite, ils rencontrent des écrits, reçoivent leur prénom, et commencent à s'intéresser à l'objet « langue écrite ». À ce niveau de scolarité, il s'avère indispensable de mettre en place des situations visant à développer en priorité chez eux une **culture de l'écrit.**

Le dispositif pour la petite section se décline en trois grandes périodes, chacune d'elles illustrant les situations adéquates pour permettre aux élèves de construire leurs premières connaissances dans le domaine de la langue écrite : entrer dans la culture écrite, reconnaître son prénom, affiner les discriminations visuelles. Les habiletés graphiques sont à développer dans d'autres situations que l'écrit : dessins, peintures, graphismes. Il s'agit d'abord de permettre à l'élève de s'engager dans un processus de maîtrise des gestes et d'organisation des mouvements pour pouvoir tracer volontairement des lignes et formes, en suivant une direction donnée et en respectant des consignes. Ce processus qui commence en petite section devra s'affiner tout au long de sa scolarité de maternelle, sachant que la maîtrise motrice se développe du centre (depuis la tête et l'axe du corps) vers la périphérie (les extrémités des membres)[1].

> *Le développement et l'enrichissement du geste graphique relèvent à la fois d'un processus de maturation et de l'action attentive de l'enseignant. [...]*
>
> *Cette exploration, qui met en jeu des processus moteurs et perceptifs complexes et nécessite une maturation physiologique et nerveuse tout juste en place entre cinq et six ans pour la majorité des enfants, ne sera pas totalement aboutie à la fin de l'école maternelle et devra donc se poursuivre à l'école élémentaire.*
>
> (Programmes 2007)

1. Loi « céphalo-caudale » et loi « proximo-distale » selon lesquelles les muscles sont d'autant plus tôt sous le contrôle de la volonté qu'ils sont proches de l'encéphale et de l'axe du corps. Consulter l'ouvrage d'Y. Le Roux, *Apprentissage de l'écriture et psychomotricité*, Marseille, Éditions Solal, 2005.

Pourquoi ne pas enseigner l'apprentissage formel de l'écriture en petite section ?

Depuis quelques années, on accorde moins d'importance au rôle du développement physiologique dans les apprentissages moteurs pour l'apprentissage de l'écriture. La maturation nerveuse, le rôle de la perception, les activités cognitives et les limites génétiques ont été en partie négligés au profit de performances toujours plus précocement exigées. Bien que, de nos jours, les stimulations qu'offrent l'environnement familial et scolaire conduisent à développer plus précocement les compétences des enfants dans de nombreux domaines, il ne faut pas oublier que des apprentissages prématurés, systématiquement imposés à tous, quel que soit leur rythme personnel, peuvent avoir ultérieurement des conséquences fâcheuses.

Écrire nécessite des habiletés gestuelles, un contrôle moteur pour la précision du geste et la maîtrise des coordinations à l'origine du double sens de rotation, du freinage et de l'accélération volontaires du geste ; mais aussi un contrôle visuel pour l'analyse du modèle et le guidage de l'action.

Écrire suppose la connaissance et le respect des règles de l'écriture, l'orientation, la séquentialisation des symboles, leur reproduction correcte et le respect des conventions. Cela implique aussi une organisation spatiale bien développée qui va de pair avec la latéralisation et le schéma corporel. Ces processus ne seront aboutis qu'à l'école élémentaire, tout comme la mémoire et l'attention volontaires, le raisonnement logique…

L'écrit mobilise d'autres connaissances que les seules habiletés visuo- et grapho-motrices, comme nous le rappellent les textes officiels de 2006 :

> *Au-delà de cette composante motrice fort importante, d'autres dimensions sont impliquées dans l'écriture et son apprentissage : psychologiques […], émotionnelles […], cognitives […], stratégiques […], langagières […], sémantiques […], ergonomiques […], technologiques […].*
>
> (Document d'accompagnement des programmes : *Le Langage à l'école maternelle*)

De plus s'ajoutent les facteurs sociaux et scolaires, la connaissance des règles scolaires, le respect des consignes, la question du rapport au savoir et aux apprentissages…

Pour toutes ces raisons, l'apprentissage de l'écriture ne devrait pas être systématiquement proposé aux élèves de petite section. Il serait néfaste qu'ils développent de l'anxiété face à cet apprentissage qui serait réduit alors, par conditionnement, aux seules performances graphiques.

Cependant, en cours d'année, certains élèves manifestent le désir d'écrire et tracent déjà quelques lettres. Il ne faut pas les laisser écrire sans contrôle, par tâtonnement ou intuition. Les « mauvaises » habitudes s'installent très vite et sont difficiles à combattre. Il faut à ce moment-là organiser des séances d'apprentissage en respectant le rythme des élèves et une pédagogie adaptée[2].

Les compétences à installer en petite section

En petite section, l'objectif qui est au centre du projet éducatif n'est pas l'appropriation des objets de savoir, mais le développement global de toutes les fonctions.
Dans le domaine grapho-moteur, comme le souligne le document d'accompagnement des programmes:

> *C'est d'abord l'aisance gestuelle qui est recherchée : occuper une surface, limiter puis préciser son geste dans l'espace, contrôler le mouvement, percevoir la trace et commencer à organiser des tracés en passant de l'aléatoire à l'intentionnel, saisir et manipuler divers instruments traceurs.*
>
> (Document d'accompagnement: *Le Langage à l'école maternelle*)

Il s'agit ici de développer des compétences pour passer de la trace fortuite et spontanée à la trace volontaire, passer du « faire » (centration sur l'action concrète) au « *dire* le faire » (organisation verbale de l'action) puis au « *penser* le faire » (organisation cognitive de l'action).

Dans ce domaine, de façon plus concrète, l'élève doit avoir acquis les cinq compétences indiquées ci-dessous.

- *Tenir les outils de manière adaptée.*
- *Laisser une trace en occupant un espace.*
- *Reproduire une forme simple.*

2. De nombreux auteurs, tels M. Auzias, L. Lurçat ou J. De Ajuriaguerra, préconisent de ne commencer l'apprentissage de l'écriture qu'à 5 ans et même à 6 ans. E. Ferreiro a remarqué que les aspects formels de l'écriture sont faciles à acquérir vers 6 ans, sans préparation particulière.

– Limiter et orienter le geste en fonction de la surface.

– Respecter une consigne.

(Document d'accompagnement des programmes: *Le Langage à l'école maternelle*)

Afin de répondre aux objectifs définis dans les programmes et détaillés dans les livrets d'accompagnement, voici, regroupés dans ce tableau, les comportements sur lesquels doit agir l'enseignant pour développer les compétences attendues.

Domaines concernés	Compétences à installer	Tâches de l'enseignant
La préhension et la motricité	- Tenir convenablement un outil scripteur. - Adapter la prise aux caractéristiques de l'outil (grosseur, longueur), et la tonicité du geste à la qualité de l'outil (pointe dure ou souple, section fine ou large, etc.) et du support. - Dépasser l'inhibition motrice mais aussi les mouvements dits de « persévération » (activité motrice répétitive). - Contrôler le tonus musculaire, la vitesse, le freinage, l'ampleur des mouvements.	- Donner de nombreuses tâches de manipulation en variant les outils (pinceaux, brosses, craies, crayons, éléments naturels), les supports (lisses ou rugueux, ondulés, souples ou durs, etc.), les médiums (peinture, encre, terre…) et les techniques (empreintes, pochoirs...). - Faire faire des jeux de doigts, des frappés de mains. - Donner des jeux de construction ou des jeux nécessitant une prise fine et une manipulation précise (perles). - Faire rythmer la production des tracés: aller vite ou lentement, en fonction du rythme donné par l'enseignant (frappés, sur un tambourin); tester des gestes (discontinus ou réguliers): tapoter, hachurer, faire glisser ou tourner le crayon sur le papier en psalmodiant (« tape, tape, tape », « tourne, tourne », etc.).

Domaines concernés	Compétences à installer	Tâches de l'enseignant
Les coordinations motrices	- Coordonner l'usage du bras, de l'avant-bras et de la main. - Coordonner les deux mains, développer les gestes fins (doigts, poignet). - Coordonner des mouvements antagonistes (double sens de rotation). - Enchaîner des actions.	- Proposer des activités de manipulation et de préhension de divers objets, notamment ceux qui nécessitent l'usage des deux mains (déchiqueter, coller, assembler). - Multiplier les tâches visant à surinvestir des tracés par d'autres tracés ou formes. - Inciter à inverser le sens des tracés (vers le bas puis vers le haut, vers la droite puis vers la gauche).
Les habiletés grapho-motrices	- Être capable de réaliser des tracés en tenant compte des caractéristiques des supports et des consignes. - Savoir tracer des lignes et des formes simples : verticales, horizontales, ronds, arabesques, sinusoïdes, cycloïdes… - Exécuter des tracés spontanés puis sollicités.	- Laisser les élèves explorer spontanément leurs compétences graphiques pour les utiliser ensuite. - Nommer les lignes, les formes produites. - Proposer l'observation et la reproduction des différentes productions individuelles. - Organiser la découverte de nouvelles lignes et formes à reproduire. - Faire décrire et verbaliser les organisations obtenues.
La gestion de l'espace feuille et l'organisation spatiale des tracés	- Investir l'espace de la feuille. - Effectuer des tracés selon une organisation spatiale spécifique (tout autour, dedans, à côté…).	- Varier les situations graphiques en jouant sur la diversité des supports : taille (grands formats ou espaces réduits) et forme (carrés, ronds, bandes plus ou moins étroites, formes diverses, chutes de découpages). - Ajouter des collages à investir, des obstacles à éviter (coller des boules de papier). - Laisser l'exploration libre dans un premier temps puis introduire des consignes.

Domaines concernés	Compétences à installer	Tâches de l'enseignant
L'activité perceptive et les coordinations oculo-motrices	- Observer, discriminer.	- Développer l'activité perceptive, en proposant des situations de lecture d'images, d'œuvres, de photographies, à l'aide de techniques captivantes (écrans, caches, lucarnes, pliages, etc.) qui incitent à discriminer les objets, les formes, à les isoler mais aussi à établir des liens entre l'œuvre et ses diverses composantes, entre le tout et les parties. - Veiller à ce que l'élève soit actif dans ces situations de découverte, et qu'il ne reste pas un simple observateur. - Verbaliser : le langage est l'organisateur de l'activité perceptive.
Le schéma corporel	- Connaître et ressentir son corps. - Nommer les différentes parties du corps, sur soi et sur autrui : main, pied, œil, cheveux, dos, ventre, jambes, bras, tête. - Se repérer dans l'espace. - Développer les habiletés corporelles globales (locomotion, équilibre, etc.).	- Mettre en place des activités qui permettent à l'élève de discriminer diverses positions d'abord dans des situations vécues, puis représentées (photos) et symbolisées (dessins). - Organiser des parcours avec différents moyens de locomotion. - Mettre en scène des jeux d'imitation de mouvements et des jeux qui mobilisent le corps (« Jacques a dit »). - Utiliser des silhouettes, des pantins à construire.

Domaines concernés	Compétences à installer	Tâches de l'enseignant
Le schéma corporel (suite)		- La construction du schéma corporel passe par le dessin mais aussi et surtout par le langage. L'évolution du schéma corporel peut être suivie à travers le dessin du bonhomme.
La latéralité	- Connaître sa gauche et sa droite. - Construire sa dominance latérale.	- Les activités de repérage sur soi, sur autrui des différentes parties du corps, les repérages dans l'espace contribuent à construire la dominance latérale. - S'appuyer sur des comptines pour nommer la gauche et la droite. (Concrétiser avec des rubans de couleur.) - Ne pas sanctionner mais observer si la préférence manuelle est en accord avec la tenue de l'outil et les habiletés graphiques de l'élève. - Donner à faire des exercices en changeant de main.
La structuration spatio-temporelle	- Se repérer, évoluer dans un espace de plus en plus vaste et lointain. - Identifier et nommer : devant, derrière, sur, sous, dedans, dehors, en haut, en bas, grand, petit, fin, gros… - Se situer dans le temps en distinguant les moments, leur succession, la vitesse : maintenant, bientôt, hier, c'est passé, demain, nuit, jour, doucement, lentement.	- Faire vivre les situations avant de les symboliser par des dessins. - Élargir l'espace à explorer : de l'espace proche (classe, école) à l'espace lointain (rue, quartier). - S'appuyer sur des photographies prises en classe au cours des activités quotidiennes, les faire classer chronologiquement. - Le rôle du langage et des récits bien structurés est fondamental.

Domaines concernés	Compétences à installer	Tâches de l'enseignant
Le développement cognitif	- Être capable de discriminer, nommer, comparer, associer, anticiper. - Comprendre les consignes et y répondre. - Exercer sa mémoire. - Prendre des initiatives et manifester de l'attention volontaire.	- Il ne suffit pas de regarder pour mémoriser, d'écouter pour apprendre. L'attention et la mémoire doivent revêtir un caractère volontaire. - Analyser les productions, qu'elles soient motrices ou graphiques, les décrire, les comparer, permettent d'engager le processus d'attention volontaire, même si c'est le maître seul qui verbalise. - Dans un premier temps, décrire les actions puis les faire anticiper et planifier (d'abord, et puis...). - Multiplier les jeux de Kim (modestement, en petite section). - Mémoriser des comptines, des poésies. - À côté des expériences vécues, les interactions avec l'adulte sont primordiales pour accompagner ce développement.
Le langage d'action	- Être capable de s'exprimer à propos de son activité, de celle des autres. - Identifier et décrire des procédures simples.	- Éviter le questionnement systématisé, procéder plutôt en faisant des commentaires, même si c'est un monologue dans un premier temps. - Multiplier les occasions de parler de ce que l'on fait, de ce qui est en train de se produire. - Accompagner les actions des enfants ou celles des adultes d'une verbalisation claire et précise. Petit à petit, la responsabilité de la verbalisation sera transférée à l'élève.

À savoir

La latéralité se développe parallèlement au schéma corporel.
Le schéma corporel est à la fois le résultat et la condition des rapports entre le corps et son milieu. Il est la perception que chacun a de son propre corps, de ses différentes parties, de sa position par rapport aux personnes et aux objets ainsi qu'au cours des mouvements.

Des précautions à prendre : choix des tâches, des outils et des supports

L'enseignant veille au choix des outils et des supports proposés, pour en varier la qualité et le format, ainsi que pour élargir la palette des gestes. Cette question est importante parce qu'elle conditionne l'intérêt et la portée de ces activités.
(Document d'accompagnement des programmes : *Le Langage à l'école maternelle*)

• • Les tâches

Évitez de donner comme tâche aux jeunes élèves de repasser sur des lignes, sur des formes en pointillés, et encore moins sur des mots ou des lettres. Cette activité ne permet pas d'installer les compétences pour l'écriture, contrairement aux représentations.
La plupart du temps, ce type de tâche est donné pour que les élèves apprennent une trace particulière et se l'approprient ; en réalité, il n'en est rien. En effet, le fait de suivre un tracé a pour conséquence de centrer l'attention des élèves sur le respect de la consigne : « rester sur la trace », plus que sur la forme elle-même. Or, c'est un geste continu qui est nécessaire pour tracer une forme et non une avancée pas à pas : par cette technique, on obtient l'effet inverse, les tracés sont saccadés. Par ailleurs, les élèves commencent leur tracé de n'importe quel côté, comme ils le peuvent, puisque pour eux l'objectif est de ne pas manquer le tracé, ce qui est très préjudiciable pour l'écriture.

On voit ici nettement les tracés saccadés pour rester sur la ligne des dessins.

Ne proposez pas systématiquement des photocopies stéréotypées qui présentent des dessins stylisés, récurrents, banalisés et sans originalité : leur contenu est pauvre, les exercices réducteurs, leur portée culturelle inexistante. Elles ne favorisent pas une démarche de recherche active.
L'écriture ne doit jamais être une activité annexe, surtout lors des premiers essais. Elle doit absolument se dérouler sous les yeux de l'enseignant qui observe, étaye, guide et aide à la régulation.

> *Ce n'est certainement pas en complétant des tracés stéréotypés ou en repassant sur des lignes tracées en pointillés sur des fiches préparées à cet effet que cet apprentissage se construit. Il s'élabore en prenant appui sur une gestualité maîtrisée au cours d'activités complémentaires, il se précise en grande section grâce à l'installation d'habitudes.*
>
> (Document d'accompagnement des programmes : *Le Langage à l'école maternelle*)

• • Les outils

Il ne faut pas laisser les élèves inventer la prise de l'outil, mais les guider pour qu'ils trouvent le geste adapté. Pour les aider à adopter une tenue correcte, il faut non seulement varier les outils pour développer les techniques de préhension adéquates, mais surtout veiller à la qualité des outils comme à celle des supports : c'est avoir le souci d'une ergonomie adaptée à la tâche et à l'âge des élèves.

> *On est tenté souvent d'amener rapidement le tout-petit à des gestes plus précis qui privilégient l'opposition du pouce et de l'index. C'est d'abord une motricité large qu'il convient de soutenir; les gestes de préhension ne sont que l'un des aspects d'un comportement actif plus global.*
>
> (Document d'accompagnement des programmes : *Pour une scolarisation réussie des tout-petits*)

Pour réaliser volontairement une trace, l'outil doit offrir une petite résistance qui ralentit légèrement le geste, ce qui permet un contrôle moteur et des tracés plus maîtrisés.
Les feutres ne sont pas à privilégier pour les exercices nécessitant un travail graphique précis : ils n'incitent pas à la vigilance car ils glissent sur la feuille, et, quelle que soit la façon dont les élèves les tiennent, ils laissent une trace. De plus, leur usage excessif pour toute activité graphique (dessins, graphismes, coloriages, écriture, travaux de symbolisation ou de marquage, tels « relier », « entourer », etc.) en banalise l'intérêt.

Éliminez les crayons au corps rond et lisse et optez pour ceux qui ont des facettes (les meilleurs sont les crayons triangulaires qui permettent de placer les doigts de façon plus correcte).

Évitez les crayons trop fins ou trop gros, trop longs ou trop courts, qui contraignent la préhension, surtout lorsque l'élève doit respecter une forme, une trajectoire.
Le poids de l'outil a également de l'importance : trop léger, il contribue à une mauvaise tenue.

Ainsi, donner des outils mal adaptés, pour réaliser une tâche précise qui demande de l'attention, c'est cumuler les difficultés. Le jeune élève, qui n'a pas une maîtrise suffisante pour diriger ses gestes, mobilise son attention et son énergie sur la tenue de l'outil plutôt que sur la réalisation de la trace.

• • Les supports

Ne cantonnez pas les élèves à travailler uniquement sur des feuilles de format A4, cela banalise leur usage et n'aide pas à développer des compétences spatiales. Variez les formats, proposez de grandes feuilles, des bandes de papier étroites, des feuilles carrées, utilisez les chutes de découpages, notamment pour le graphisme.
Évitez les surfaces trop lisses, les pochettes plastiques, les ardoises blanches. Un papier rugueux (papier dessin, par exemple) est particulièrement intéressant pour apprendre à diriger sa main.
Les supports trop lisses accompagnés de feutres spéciaux (généralement de forme discutable) provoquent immanquablement les mauvaises tenues que l'on essaie vainement de combattre par la suite. Tout adulte a constaté la dégradation de son écriture lorsqu'il écrit sur un tableau blanc.

Les activités à privilégier en petite section

Dans cette section, et en ce qui concerne le domaine grapho-moteur, sont principalement concernées les activités de dessin, de peinture et de graphisme.

> *L'école maternelle encourage les manifestations graphiques naturelles qui accompagnent chez l'enfant la construction de soi. Traces, empreintes, tracés et dessins spontanés témoignent de l'émergence de la fonction symbolique. S'il est souvent pour le jeune enfant une expression essentiellement gestuelle et un jeu moteur, le dessin a aussi une fonction de langage. [...] Pour les plus petits, les premiers gribouillages encouragés accompagnent la maturation de l'activité visuo-motrice.*
>
> (Programmes 2007)

• • Le dessin

Il est devenu une activité banalisée dans les écoles comme à la maison, et c'est regrettable. À cet âge, les enfants font des tracés désordonnés, ils « gribouillent », dit-on, sans accorder à ces gribouillis la moindre valeur. En fait, ils sont en train d'exercer leurs habiletés motrices et l'amorce de la maîtrise gestuelle. Mais sans les commentaires des adultes, ces tracés pourtant porteurs de sens restent lettre morte et ne suscitent pas le désir de continuer. C'est par le langage qu'on initie la fonction symbolique des dessins. Cette activité mérite d'être accompagnée pour s'enrichir. C'est pourquoi il faut éviter en début d'année de donner systématiquement « à dessiner » sans autre motif que d'occuper le temps.

• • La peinture

Le coin peinture doit être installé et disponible toute la journée : une grande table recouverte d'une nappe plastique, un chevalet, une piste murale... L'atelier peinture doit répondre, comme les autres ateliers, à des objectifs précis et progressifs pour éviter que l'activité se banalise et demeure sans grand intérêt pour les élèves qui ne s'y investissent pas tellement.

• • Le graphisme

Le graphisme en petite section est étroitement lié à la manipulation de divers outils et supports (oubliez le plus possible le crayon feutre) et se confond dans un premier temps avec les activités de peinture (traces, empreintes) libres.

Il permet de découvrir des lignes, des formes et des motifs graphiques simples et d'apprendre à les tracer . Il va également permettre le développement moteur, la précision du geste et l'organisation des actions.

Utilisez le tableau noir et des craies qui offrent un support adapté aux objectifs visés par le graphisme.

Nous vous conseillons de vous reporter aux livrets d'accompagnement et aux outils éditoriaux choisis avec discernement[3].

3. Notamment la mallette de M. Buffière de Lair et M.-T. Zerbato-Poudou, *Activités graphiques et créatives* (voir la bibliographie, p. 172).

Progressivité des apprentissages : de la découverte à la manipulation de l'objet « langue écrite »

Dès la fin de la première année passée à l'école maternelle (à trois ou quatre ans), reconnaître son prénom écrit en capitales d'imprimerie.

(Document d'accompagnement des programmes : *Le Langage à l'école maternelle*)

Bien que l'apprentissage de l'écriture ne soit pas un objectif de petite section, il est indispensable de mettre les élèves en présence d'écrits tracés sous leurs yeux, de leur faire découvrir et reconnaître leur prénom, qui est un des premiers mots qu'ils ont à copier. À cela s'ajoutent toutes les situations de familiarisation avec l'écrit (les livres, les albums, etc.).

Ce tableau récapitule les objectifs répartis sur les trois périodes de l'année (début, milieu et fin) en fonction des activités.

	Période 1	**Période 2**	**Période 3**
Objectifs	Entrer dans la culture écrite.	Manipuler son prénom.	Affiner l'activité perceptive sur d'autres mots.
Activités	- S'initier au langage écrit. - Reconnaître son prénom avec la photographie.	- Reconnaître son prénom au milieu des autres, sans la photographie. - Utiliser la boîte à prénoms.	- Manipuler des mots, des lettres. - Proposer d'éventuels essais d'écriture pour les plus habiles.

ACTIVITÉS POUR LA PÉRIODE 1 : ENTRER DANS LA CULTURE ÉCRITE

Objectifs :

– Initier au langage écrit.
– Développer l'activité perceptive sur le prénom.

Écrire sous les yeux des élèves

Matériel

Il n'y a pas de matériel spécifique; l'enseignant peut écrire sur tout support (ardoise, tableau, papier) selon ses objectifs. Les écrits collectifs seront présentés au tableau et à la craie, de préférence aux feuilles de papier pour plus de visibilité.

Organisation

Les écrits spontanés peuvent indifféremment se dérouler en groupe-classe, en petits groupes ou individuellement, selon la situation exploitée.

Les écrits programmés, comme la rédaction des étiquettes du prénom, se dérouleront en petits groupes.

Le groupe-classe sera concerné pour des écrits collectifs: écriture de la date, découverte d'un mot qui sera utilisé, analyse de la composition d'un prénom, mise en évidence de similitudes.

Durée

Les élèves doivent voir quotidiennement l'enseignant écrire des mots, pour préparer les pochettes, pour fabriquer les étiquettes des prénoms, pour légender des travaux, écrire des affiches, écrire au tableau... En début d'année, en petite section, cette situation sera de courte durée: l'attention est fugitive et l'intérêt modéré.

C'est par ailleurs un geste pédagogique qui demeure fondamental tout au long de l'année scolaire, et tout au long du cursus en école maternelle, dans tous les types d'écriture.

Soit que le maître dise ce qui est écrit, soit qu'il écrive pour laisser la trace de ce qui a été dit, les enfants comprennent d'abord qu'un va-et-vient est possible entre l'oral et l'écrit. Cette prise de conscience s'effectue en général entre trois et quatre ans, dans ce qui correspond à la section des petits.

Il est essentiel que l'enfant soit le témoin de lettres formées, sous ses yeux, de manière stable.

(Document d'accompagnement des programmes: *Le Langage à l'école maternelle*)

Déroulement

Écrire sous les yeux des élèves peut se faire de façon inopinée, spontanée, ou programmée lorsque vous en faites une situation didactique.

En premier lieu, il est nécessaire d'attirer et de maintenir l'attention des élèves: annoncez ce que vous allez faire, décrivez vos actions (exemple : « Je vais prendre le stylo bleu... »). Nommez les lettres, décrivez leur forme, faites des commentaires, des comparaisons et demandez-leur celle qu'ils préfèrent, etc.

Par ailleurs, la dictée à l'adulte de petits textes, de commentaires accompagnant les productions, est une activité nécessaire qui complète les exercices proposés ici. Elle ne sera possible qu'en fin d'année scolaire.

Ainsi, grâce à ces activités, l'élève commence à prendre conscience de la fonction symbolique de l'écrit: bien que différent du dessin et des images, l'écrit représente également des personnes, des objets, des idées; mais sa forme n'est pas aléatoire.

Faire reconnaître les photographies

Matériel

Demandez aux parents une photographie de leur enfant, le type photo d'identité est préférable. Faites-en éventuellement des photocopies.

En cas d'impossibilité des parents et si vous le pouvez, faites vous-même des portraits d'élèves (un groupe de 4 ou 5; vous découperez ensuite leurs visages).

Durée

À raison d'une fois par semaine, ces exercices peuvent se poursuivre jusqu'en décembre pour la manipulation des photos d'identité, et toute l'année avec des photographies de la vie en classe.

Faire l'appel avec les étiquettes (photo et prénom et nom, puis prénom et nom seuls) affichées.

(Document d'accompagnement des programmes: *Le Langage à l'école maternelle*)

Déroulement

Avant de préparer les étiquettes, récoltez les photographies de chacun et donnez le temps aux élèves de les manipuler, de se reconnaître, de reconnaître leurs camarades et de localiser l'événement ou la situation qui caractérisent la photo. Identifier son portait au milieu de tous les autres n'est pas aussi simple que cela peut paraître.

Puis répartissez les élèves en petits groupes (4 ou 5). Placez les photos des élèves présents sur la table commune. Chacun doit rechercher sa photo au milieu de celles de ses camarades. Recommencez plusieurs fois en variant les photos. Augmentez-en ensuite le nombre jusqu'à étaler tous les portraits. Introduisez parfois des intrus au groupe.

À savoir

Contrairement à ce qu'on pense, les jeunes élèves ne reconnaissent pas toujours leur portrait notamment lorsqu'il est placé au milieu d'autres de même format. À la maison, l'enfant se reconnaît facilement sur des portraits de famille; c'est beaucoup moins facile en classe devant plusieurs clichés. Cette recherche est donc une activité de discrimination visuelle à part entière.

Fabriquer les étiquettes des prénoms

Matériel
- Papier cartonné découpé en rectangles d'environ 12 cm x 4 cm.
(Prenez du papier quadrillé ou tracez des réglures pour régulariser la hauteur des lettres.)
- Feutre de couleur foncée (pour résister à la lumière).
- Photographies d'identité.
- Colle.
- Feuilles à plastifier.

Organisation
Cette activité s'effectue en ateliers.

Durée
Plusieurs jours jusqu'à réalisation complète.

Déroulement
Là encore, vous devez écrire les prénoms sous les yeux des élèves. L'écriture à main levée n'est pas parfaite, mais vous pourrez introduire plus tard des étiquettes réalisées avec une imprimante. L'important, c'est que les élèves observent votre activité. Ce faisant, donnez des informations sur l'acte d'écriture, la transformation de l'oral en écrit, sur l'existence d'un code, sur la relation graphie-phonie, le nom des lettres, et aussi sur votre intérêt pour cette activité.
Le document d'accompagnement des programmes (*Le Langage à l'école maternelle*) suggère d'écrire le prénom et aussi le nom de famille sur les étiquettes. Ce choix est légitime, il nous a cependant paru inutile d'alourdir les écrits pour un premier contact.
Le nom de famille peut être ajouté en moyenne ou en grande section, selon les choix et objectifs de l'équipe pédagogique.

À noter
Il est déconseillé de personnaliser le prénom des élèves à l'aide de dessins d'objets, d'animaux ou de formes géométriques: ces éléments ne peuvent en aucun cas les symboliser, surtout au moment où ils construisent leur identité.

Avant de commencer l'activité, regroupez quelques élèves autour d'une table et dites-leur ce que vous allez faire.
Écrivez à la main les prénoms, en capitales d'imprimerie en laissant la place pour la photo.
Si vous avez deux élèves avec le même prénom, singularisez chacun avec l'initiale du nom de famille, mais ne l'écrivez pas directement à côté du

prénom : ceci conduit à de fausses représentations, même si l'enfant a compris le sens de cette lettre. Écrivez l'initiale en dessous.
Il est probable que ces élèves reconnaîtront leur étiquette grâce à l'initiale que les autres n'ont pas : vous aurez à alors tester leurs connaissances en enlevant provisoirement l'initiale.

Commentez votre activité : nommez les lettres (pas toutes nécessairement, mais au moins celles qui sont plus caractéristiques ou plus fréquentes) ; faites observer leur forme. Décomposez, en le lisant, le mot en syllabes pour attirer l'attention sur la dimension linguistique de l'écrit.
Faites des comparaisons entre les prénoms : les lettres communes, les prénoms plus longs que d'autres, etc.
Une fois les écrits terminés, demandez aux élèves de rechercher leur portrait que vous aurez préalablement placé dans une boîte. Donnez à chacun son étiquette et collez sa photo avec son aide, puis plastifiez.
Laissez les élèves manipuler leur étiquette, jouer avec. Les jeunes enfants ont tendance à la triturer, la mordiller, mais c'est une façon de se l'approprier.
Préparez deux jeux d'étiquettes : l'un pour les manipulations, l'autre pour le panneau référent (à coller dessus).

Recommencez l'opération pour personnaliser les pochettes de rangement des travaux, pour marquer leur patère... toujours sous le regard des élèves.

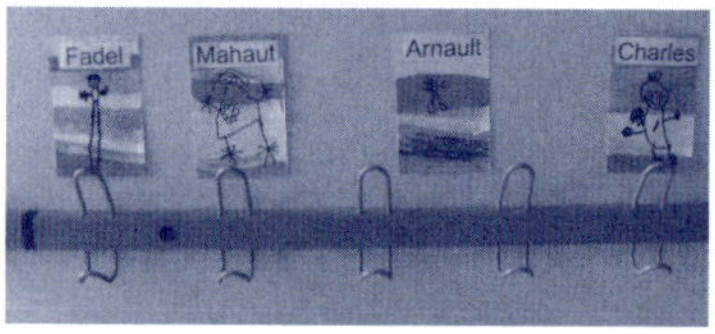

Mise en valeur des prénoms par un support décoré lors de travaux en art plastique.

À savoir

Il faut choisir un type d'écriture : les capitales permettent une reconnaissance plus aisée des lettres dont les caractéristiques sont nettes. Ce type d'écriture est par ailleurs proposé pour les premiers apprentissages de copie de mots : les programmes de 2007 en explicitent clairement l'utilité. Cependant, certains enseignants écrivent les prénoms en script en raison des liens avec la lecture. Il semble raisonnable d'accepter que l'enseignant choisisse le type d'écriture en fonction des priorités qu'il se donne (facilité d'écriture des lettres ou aide à reconnaissance pour la lecture) et en concertation avec les autres enseignants de l'équipe pédagogique. L'un ou l'autre type d'écrit est légitime s'il est clairement argumenté.

Reconnaître son prénom avec la photographie

Matériel
Les étiquettes individuelles avec photographie.

Durée
Sur plusieurs semaines, à raison d'un entraînement systématique par semaine et par groupe, outre l'appel qui peut être collectif.

Déroulement

- En petits groupes

Donnez directement l'étiquette du prénom à chaque élève.
Demandez à chacun de regarder attentivement le prénom. Avertissez-les : « Regardez bien votre prénom, je vais mélanger les étiquettes et il faudra le retrouver. »
Induisez un aspect ludique fortement attractif en leur demandant de « cacher les yeux avec les mains ». Si certains élèves sont réticents, ne les forcez pas, ils comprendront les règles du jeu peu à peu. Sinon, vous pouvez leur demander de tourner le dos.
Mélangez les étiquettes. Donnez le signal pour ouvrir les yeux ; les élèves recherchent leur étiquette. Cette recherche peut être facilitée par la photo, mais ce n'est pas systématique pour certains.
De temps à autre, cachez une photo avec un bout de papier pour centrer l'attention sur le prénom seul.
Augmentez petit à petit le nombre d'étiquettes.
Diversifiez les groupes pour éviter les routines et complexifier la tâche.

- En groupe-classe

Présentez quotidiennement une ou deux étiquettes à l'ensemble des élèves, qui doivent essayer de trouver à qui elle appartient.
Demandez de trouver l'étiquette d'un élève sur le panneau référent.
Écrivez régulièrement au tableau un prénom, faites des commentaires sur ce mot (nommez les lettres, décrivez-en quelques-unes).

La mise en place de l'appel journalier autonome sera une occasion de revenir sur ces identifications[4].

4. Pour la mise en œuvre de l'appel, voir le document d'accompagnement des programmes, *Le Langage à l'école maternelle*, p. 40.

ACTIVITÉS POUR LA PÉRIODE 2 : MANIPULER SON PRÉNOM

Objectifs :

- Reconnaître son prénom, au milieu des autres, sans photographie.
- Utiliser la boîte à prénoms pour marquer son travail.

La reconnaissance du prénom sans photo sollicite davantage le processus de discrimination visuelle. C'est une étape importante qui va conduire les élèves à utiliser par la suite leur prénom pour marquer leurs travaux de façon autonome.

La boîte à prénoms s'avère être un outil intéressant pour plusieurs raisons : permettre l'identification du prénom sur un autre support et procéder de façon autonome au marquage des travaux.

Reconnaître son prénom sans photographie

Matériel

- Préparez un jeu d'étiquettes sans photos.
- Gardez affichés en classe les prénoms avec photo qui serviront de référent[5].

Durée

Il est possible, selon la compétence des élèves à reconnaître leur étiquette avec la photo, de commencer cette identification avant le deuxième trimestre.

La reconnaissance des prénoms sans photographie prend du temps, près de deux mois; certains élèves y arrivent encore difficilement en fin d'année scolaire.

Il est nécessaire d'organiser des situations de reconnaissance quotidiennes par petits groupes et en groupe-classe jusqu'à ce que la majorité des élèves y parvienne.

Déroulement

Vous procéderez comme pour les étiquettes avec photo.

- En petits groupes

Distribuez les étiquettes. Après quelques secondes d'observation, demandez aux élèves de cacher leurs yeux.

Mélangez les étiquettes et faites rechercher le prénom. La plupart des élèves rencontreront des difficultés.

---

5. Le référent affiché sera accompagné de photos toute l'année : c'est une aide non superflue pour vérifier si l'étiquette choisie est la bonne, et les élèves aiment bien retrouver ces photographies.

Proposez alors de vérifier sur le panneau comportant les prénoms avec photos si le choix effectué a été juste. Ils peuvent prendre leur étiquette à la main pour comparer. Plus tard, ce contrôle peut se faire de mémoire.

Les élèves doivent trouver leur prénom posé sur la table et l'accrocher au bon emplacement.

Recommencez en adoptant la même procédure et en aidant ceux qui ne trouvent pas.
Augmentez petit à petit au cours des séances le nombre d'étiquettes jusqu'à les présenter toutes sur la table.

• En groupe-classe

Lorsque les élèves auront effectué plusieurs reconnaissances de leur prénom en groupe, puis de celui de quelques camarades, procédez collectivement comme précédemment avec les étiquettes-photos:
– Présentez quotidiennement une ou deux étiquettes à l'ensemble des élèves, qui doivent essayer de trouver à qui elle appartient.
– Demandez de trouver l'étiquette d'un élève sur le panneau référent (c'est une tâche difficile, qui nécessite d'être réitérée).
– Écrivez régulièrement un prénom au tableau.

À noter

Contrairement à ce que l'on peut croire, ce n'est pas nécessairement sur l'initiale du prénom que les élèves se réfèrent pour le reconnaître. Tout signe particulier leur sert judicieusement d'indice: lettre répétée (Olivier, Anissa...), forme particulière (par exemple, les lettres H, G, F, Q), etc.
De même, l'expérience montre que la longueur du prénom n'est pas toujours un indice facilitateur pour les élèves.

• Le cas de prénoms identiques

Dès les premiers jours de classe, vous aurez nécessairement fait oralement la remarque de cette particularité: deux élèves portent le même prénom. Avec la photo, il n'y avait pas de problème. Maintenant, vous préparerez les étiquettes sans signe distinctif et chacun cherchera son prénom.

Deux possibilités: soit les deux élèves se précipitent sur la même étiquette et vous en profitez pour poser la nécessité d'une personnalisation, en plaçant l'initiale du nom en dessous. Soit vous décidez d'organiser la situation en soulevant vous-même le problème: montrez les étiquettes identiques, demandez de choisir laquelle est la leur et, après discussion, proposez votre solution.

Il est probable que ces élèves reconnaîtront leur étiquette grâce à l'initiale du nom que les autres n'ont pas: vous aurez à alors tester leurs connaissances en enlevant passagèrement l'initiale.

Utiliser la boîte à prénoms

Matériel

- Choisissez une boîte en plastique (rayon bricolage) comportant de petits tiroirs: pour chaque élève, prévoyez un tiroir attitré contenant plusieurs étiquettes marquées à son prénom qui serviront pour signer les travaux.
- Préparez de petites étiquettes à mettre dans les tiroirs et à coller sur les façades des tiroirs (préférez des étiquettes autocollantes à celles nécessitant la manipulation de colle et pinceaux).
- Mettez de côté quelques travaux des élèves du groupe.

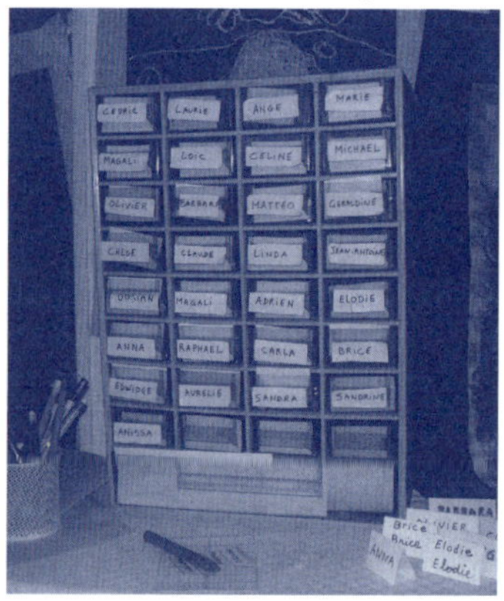

Exemple de boîte à prénoms.

Durée

L'installation de la boîte prendra une semaine environ, à raison d'un groupe par jour.

Son utilisation correcte par les élèves prendra beaucoup de temps: comme pour la reconnaissance des étiquettes sans photos, certains auront encore du mal en fin d'année à reconnaître leur tiroir.

Jusque-là, c'est vous qui avez écrit le prénom sur les travaux. Mais lorsque vous aurez constaté que les élèves arrivent avec suffisamment de succès à reconnaître leur prénom, vous allez préparer des étiquettes autocollantes qui serviront à marquer le travail de chacun de façon autonome.

Déroulement

Présentez la boîte au groupe classe et expliquez-en l'usage. Cependant, il ne sera compris que lorsque les élèves manipuleront les étiquettes.
Organisez un groupe de 4 ou 5 élèves. Installez-le autour d'une table avec le matériel. Renouvelez les explications générales.
Écrivez le prénom d'un élève sur une petite étiquette et demandez- lui de choisir un tiroir. Collez l'étiquette sur la façade du tiroir choisi et garnissez le tiroir d'étiquettes comportant le prénom de l'élève. Insistez en lui disant que ce sera « son » tiroir avec « ses » étiquettes-prénoms.
Faites de même pour les autres élèves.

Lorsque tous ont leur tiroir rempli d'étiquettes, procédez aux premiers essais :
– Prenez les travaux d'élèves que vous aviez mis de côté. Vous y aviez déjà écrit leur prénom, vous allez à présent leur faire manipuler les étiquettes.
– Demandez à l'un d'eux de prendre une étiquette dans le tiroir et de la coller sur sa feuille.
- Faites de même pour les autres.

Après avoir préparé ainsi les tiroirs de tous les élèves, il faudra mettre en œuvre le fonctionnement de la boîte au quotidien. Pour les premières utilisations, vous resterez à côté de la boîte pour aider ceux qui éprouvent des difficultés et aussi vérifier que chacun ne se trompe pas de tiroir. Pour les aider, suggérez-leur d'aller voir, sur le panneau de référence, comment s'écrit leur prénom.
La plupart des élèves se repéreront à l'emplacement du tiroir plus qu'à l'écrit, ce qui est une stratégie pertinente qu'il faudra mettre en défaut ultérieurement.

Plus tard, mettez en œuvre des **situations-problèmes.** Lorsque vous constaterez que la plupart des élèves ne se trompent plus, vous changerez la disposition des tiroirs. Ceci donnera lieu à de nouvelles séances de reconnaissance visuelle.
Vous pourrez même, en fin d'année et selon les habiletés construites, intervertir les prénoms dans les tiroirs. Il faudra alors inciter l'élève à vérifier si l'étiquette prise est bien la sienne. Comme le prénom de la façade du tiroir est correct, il lui faudra du temps pour accepter la réalité : c'est bien son tiroir, mais le prénom n'est pas le sien.
Cette mise en défaut est intéressante pour briser la routine et relancer l'activité de discrimination visuelle. Tous les élèves ne sont pas aptes, même en fin d'année scolaire, à entrer dans ce jeu.

Activités pour la période 3 : affiner l'activité perceptive sur d'autres mots

Objectif: Développer les discriminations visuelles sur d'autres mots et lettres en capitales.

En fin d'année scolaire, les élèves de petite section devraient être à l'aise dans les situations de reconnaissance de leur prénom, ils peuvent aborder des tâches plus complexes.

> *Reconnaître son prénom dans n'importe quel cas en le distinguant d'autres, éventuellement très proches (exemples: Léo et Léa; Alex et Alix ; Leila et Lila).*
>
> (Document d'accompagnement des programmes: *Le Langage à l'école maternelle*)

Organiser des dispositifs pour la manipulation de mots et de lettres

Matériel
Des étiquettes avec des mots nouveaux: mots approchant la graphie du prénom des élèves, photocopies de mots relevés sur des albums.

Organisation
Ces activités s'effectuent en petits groupes.

Durée
Les séances peuvent être hebdomadaires, mais ne pas excéder 15 min par groupe.

Pour compléter et affiner la connaissance du prénom, mais aussi pour sensi biliser les élèves aux signes qui composent les mots, on peut proposer des activités qui visent à affiner la discrimination visuelle: comparer son prénom avec des mots proches.

Déroulement

Présentez des mots approchant la graphie du prénom des élèves du groupe, par exemple: Régis *vs* Rage, Marie *vs* Mare, Dorian *vs* Doré, etc.
Lisez le mot.
Demandez aux élèves d'identifier les éléments semblables ou différents de ceux du prénom. Ce travail de comparaison permet d'initier une fonction très importante: la catégorisation, à la source de la construction des concepts, qui s'appuie sur le repérage de ce qui est identique et ce qui

est différent. Cette compétence est longue à construire et n'est pleinement acquise que bien après l'école maternelle.
Puis faites rechercher, dans un bac rempli de lettres découpées, les lettres de leur prénom qu'ils doivent réorganiser.
Fabriquez un loto de lettres.

Ces exercices sont plus proches des activités de lecture (de reconnaissance visuelle de mots et lettres) que d'écriture, mais l'écrit relevant aussi d'une activité linguistique, comme le soulignent les programmes, une approche discriminante des lettres ne peut qu'être une aide pour aborder les activités l'écriture. C'est l'activité perceptive qui est ainsi accrue.

À noter

Ces exercices sont à proposer avec modération. Ne les imposez pas à tous, seulement aux élèves qui sont très à l'aise avec la reconnaissance du prénom. Si certains élèves ne sont pas prêts pour ces activités, laissez-les de côté, elles seront reprises en moyenne section.

Proposer éventuellement des essais d'écriture aux plus habiles

> *L'enseignant propose les activités relativement contraignantes de l'apprentissage de l'écriture à des enfants qui peuvent réussir, sinon il leur propose les activités qui continuent à les préparer.*
>
> (Documents d'accompagnement des programmes: *Le Langage à l'école maternelle*)

Certains élèves auront sans doute manifesté le désir d'écrire, peut-être même tracé des lettres; d'autres sauront même déjà écrire leur prénom.
Dans les classes à double niveau (petite et moyenne sections), les activités proposées aux plus grands stimulent les plus jeunes qui s'y investissent souvent avec succès.
Ne laissez pas trop longtemps ces tentatives livrées au hasard; il est hors de question de laisser sans contrôle des essais spontanés. Organisez un groupe de travail avec ceux qui ont manifesté le désir d'écrire.

Reportez-vous à la description des séances pour la moyenne section.

À noter

N'imposez pas une tâche d'écriture aux élèves réticents et abandonnez si ceux qui se sont déclarés volontaires manifestent des difficultés ou de l'inquiétude.
Pour ceux dont vous pensez que c'est possible, ne pas faire durer la séance plus de 15 min.

Moyenne section

C'est au cours de l'année de moyenne section que l'apprentissage formalisé de l'écriture peut débuter. Il faut accorder une extrême importance à ses modalités de mise en œuvre, car c'est le moment où l'élève va faire une expérience capitale qui peut déterminer définitivement son investissement dans l'activité d'écriture et ultérieurement dans l'activité de lecture. C'est un moment clé dans le cursus de l'école maternelle, le point fort et délicat de la moyenne section.

Pour ce premier apprentissage, les tâches d'écriture ne doivent pas être fastidieuses et générer l'apathie (c'est le cas lorsque les difficultés sont moindres, les actions répétitives et lassantes : repasser sur une ligne, écrire plusieurs fois la même lettre, faire du remplissage, etc.). Elles ne doivent pas non plus générer l'anxiété, ni paraître insurmontables ou être vécues sous tension par peur des réprimandes. Les tâches intéressantes, susceptibles d'entraîner une motivation interne, sont celles qui sont perçues comme étant difficiles, mais pouvant être maîtrisées après un certain effort, ce qui est valorisant. Pour être « idéalement motivantes[6] », les activités doivent être structurées, correspondre à des objectifs clairs, comporter des degrés de difficulté accessibles. Elles doivent être étayées, provoquer un *feed-back* rapide, précis et fonctionnel, et donner lieu à des échanges constructifs.

Le dispositif présenté ici, qui s'appuie sur des interactions fondées sur la pratique d'analyse des critères, s'avère particulièrement efficace pour répondre à ces attentes ; ses effets sont immédiats et durables. La dictée à l'adulte pour tracer les lettres en est la clé de voûte. Si ces pratiques permettent à l'élève de donner du sens à son activité, elles le conduisent en outre à faire l'expérience de la « maîtrise des processus de

---

6. Voir à ce propos la théorie de « l'expérience optimale », développée par M. Csikszentmihalyi, psychologue hongrois traduit par B.-M. Barth, in *Le savoir en construction*, Paris, Retz, 1993, pp. 154-155.

contrôle[7] » : en effet, en verbalisant, il acquiert les outils pour dépasser ses difficultés, pour agir sur ses actions et les améliorer. Il a ainsi le sentiment qu'il peut exercer un contrôle sur la réalisation de la tâche, ce qui le sécurise.

Ce dispositif est soigneusement développé dans cette partie, étape par étape, pour que le maître s'en approprie au mieux la fonctionnalité. Les étapes les plus importantes sont celles qui concernent la verbalisation des critères : elles sont clairement décrites dans la phase 2 de la période 2 d'apprentissage (voir pp. 82s.), période qui peut débuter vers le milieu d'année, selon les acquis des élèves. Cependant, la pratique de la verbalisation n'est pas à abandonner dès les premiers succès, elle restera toujours un précieux outil.

Compétences à atteindre en moyenne section

– Écrire son prénom en capitales d'imprimerie avec le modèle et sans erreur (lettres formées et non dessinées approximativement).

– Écrire son prénom en capitales d'imprimerie sans le modèle (lettres formées).

– Écrire des mots antérieurement copiés sous la conduite du maître, en capitales d'imprimerie, avec le modèle et sans erreur (lettres formées et non dessinées approximativement).

(Document d'accompagnement des programmes : *Le Langage à l'école maternelle*)

Parallèlement à la maîtrise technique de l'écriture, les élèves de cette section amorcent la découverte du principe alphabétique.

Si les activités d'écriture requièrent des compétences graphomotrices, elles sont indissociables d'apprentissages linguistiques. L'enfant doit ainsi devenir progressivement capable de tracer des écritures tout en découvrant le fonctionnement du code alphabétique, en le comprenant et en commençant à le maîtriser. (Programmes 2007)

• • Quand commencer cet apprentissage ?

Il n'est pas nécessaire de commencer dès les premières semaines de rentrée scolaire : tous les élèves ne peuvent accéder de concert à cet apprentissage.

---

7. Terme que nous empruntons à J.-L. Paour : « *Je pense que l'expérience de la maîtrise des processus de contrôle constitue un processus fonctionnel décisif. [...] Il favorise les processus d'autonomisation des savoirs [...]. Il est constitutif des processus d'abstraction et de prise de conscience. [...] Il est à l'origine de représentations de soi qui déterminent un investissement positif.* » In *Un modèle cognitif et développemental du retard mental pour comprendre et intervenir*, Thèse de doctorat d'état en psychologie, Université de Provence, 1991.

En premier lieu, il est nécessaire de vérifier les acquis, d'observer les comportements et d'instaurer le milieu de travail. Arrivé en moyenne section, l'enfant s'est approprié en partie son statut d'élève. Il a acquis des connaissances générales, des compétences cognitives et une maturité motrice qui lui permettent d'aborder l'apprentissage de l'écriture de façon plus aisée du point de vue graphique et plus intelligible pour lui – sous certaines conditions liées à son niveau de développement, à son désir d'écrire et aux choix pédagogiques de l'enseignant. Il est important, par ailleurs, de respecter le rythme de chacun et de prendre en compte l'hétérogénéité, les spécificités socioculturelles, etc.

Les instructions officielles nous rappellent que l'enseignant doit s'adapter aux capacités des élèves, et qu'apprendre à écrire est une activité exigeante du point de vue perceptif, moteur et cognitif. C'est pourquoi il ne faut pas perdre de vue que cet apprentissage nécessite l'attention et la mémoire volontaires, outre les compétences spécifiques à l'objet « langue écrite ». Conduire avec prudence, sans précipitation mais avec régularité et rigueur cet apprentissage se révèle être par la suite un gain de temps appréciable, assorti de performances.
Il ne faut donc pas brûler les étapes, ni réduire le temps des échanges, mais considérer les performances graphiques comme les indicateurs de l'aboutissement de l'apprentissage. Ce sont les processus cognitifs qui sont à développer, la maîtrise de la trace n'est qu'un des aspects de cet apprentissage : une « belle écriture » n'est pas nécessairement signe de compréhension du fonctionnement du système d'écriture et de ses fonctions.

• • Fréquence des séances

Il suffit de mettre les élèves en situation d'apprentissage **une fois par semaine en petits groupes** pour conduire un apprentissage approfondi, selon le dispositif que nous proposons dans les pages qui suivent.
En deux mois environ, la plupart des élèves de moyenne section écrivent leur prénom assez correctement (respect de l'alignement, du nombre et de la place des lettres, avec peu de déformations). Il faut évidemment tenir compte de l'hétérogénéité des élèves qui peut être importante.
Certains élèves auront même mémorisé leur prénom et n'auront plus besoin d'étiquette de référence. Quelques-uns cependant éprouveront encore des difficultés pour l'écrire en fin d'année. C'est un apprentissage difficile, ni naturel ni spontané, dans lequel la grande section et le cours préparatoire ont aussi un rôle majeur à jouer.

Progressivité des activités d'apprentissage de l'écriture en capitales

Les périodes sont données à titre indicatif. Elles peuvent être réduites ou prolongées selon le niveau d'habileté des élèves et/ou leur vitesse d'acquisition. C'est la hiérarchisation et le déroulement des séances qui sont importants et qui confèrent au dispositif d'enseignement sa cohérence et son succès.

	Période 1 : préparation	**Période 2 : premiers apprentissages**			**Période 3 : généralisation et transfert**	
	Sept./nov.	**Phase 1 Déc./fév.**	**Phase 2 Mars**	**Phase 3 Avril**	**Phase 1 Mai**	**Phase 2 Juin**
Objectifs	- Vérifier les acquis. - Réinitialiser le rapport au savoir « langue écrite ».	Conduire les premières activités d'apprentissage.	Stabiliser les procédures.	S'entraîner.	Généraliser.	Transférer.
Activités	- Reconnaître le prénom sur les étiquettes. - Mettre en fonction la boîte à prénoms. - Écrire régulièrement sous les yeux des élèves.	- Mettre en place le milieu de travail pour l'écriture. - Diriger les premières séances d'apprentissage (*trois étapes* : analyse de la composition du mot ; analyse de la forme des lettres ; étude des gestes de l'écriture).	- Réguler les mots, les lettres qui posent problème. - Introduire d'autres critères d'écriture. - Donner à copier d'autres mots et lettres. - Intensifier la différenciation. - Présenter l'écriture script.	- Consolider et systématiser les acquis (écriture entre deux lignes, mémorisation de l'écriture du prénom). - Initier la correspondance grapho-phonologique.	- Faire copier des mots choisis librement, des petites phrases ou des locutions. - Sensibiliser à la segmentation de la chaîne écrite. - Proposer de nouveaux outils et supports. - Présenter l'écriture cursive.	- Guider les élèves en difficulté. - Proposer aux élèves les plus avancés de copier des mots dans une autre graphie. - Établir un bilan et des projections.

Activités pour la période 1 : la préparation

Objectifs :

- Détecter le niveau de compétence des élèves dans les domaines concernés par l'activité d'écriture.
- Mettre en place le milieu de travail spécifique à l'écriture.

Vérifier les acquis

Avant d'entreprendre l'apprentissage systématique de l'écriture, les élèves doivent:
- avoir rencontré des écrits nombreux et variés;
- avoir régulièrement vu l'enseignant en train d'écrire (au tableau, sur des feuilles, des étiquettes...);
- savoir reconnaître leur prénom au milieu des autres, retrouver quelques lettres dans d'autres mots;
- avoir développé des habiletés grapho-motrices (dessins, graphismes);
- tenir convenablement le crayon (prise distale: pouce, majeur, index);
- savoir s'orienter dans l'espace feuille.

Il faut donc observer les dessins des élèves, donner des exercices graphiques, dialoguer avec eux par petits groupes et proposer des activités visant à installer les compétences nécessaires, sachant qu'elles ne se limitent pas aux habiletés motrices, comme nous le rappellent les documents officiels:

> *Il [l'enseignant] s'est donc assuré que l'enfant à qui il demande d'écrire :*
>
> *– maîtrise des gestes fins, contrôle amplitude et direction;*
>
> *– reconnaît et reproduit des formes;*
>
> *– reconnaît et respecte des tracés et des trajectoires ;*
>
> *– respecte des proportions et des rythmes ;*
>
> *– peut s'orienter dans l'espace, prendre et respecter des repères visuels (un point en haut à gauche de la page pour les plus jeunes, une ligne puis le guidage entre deux lignes);*
>
> *– peut prendre et respecter l'alignement gauche/droite, haut/bas (gestion de la page).*
>
> *Mais au-delà de cette composante motrice fort importante, d'autres dimensions sont impliquées dans l'écriture et son apprentissage: psychologiques [...], émotionnelles [...], cognitives [...], stratégiques [...], langagières [...], sémantiques [...], ergonomiques [...], technologiques [...].*
>
> (Document d'accompagnement des programmes: *Le Langage à l'école maternelle*)

Assurez-vous des acquis au niveau du langage oral – objectif premier de l'école maternelle – car, outre son utilité pour la communication, il est un instrument fondamental d'aide aux apprentissages et à la construction de la pensée. Cependant, même si certains élèves ont des difficultés langagières, il est très important de ne pas les écarter des échanges sur l'écriture; bien au contraire, cela les aidera à faire des progrès.

Réinitialiser le rapport au savoir «langue écrite»

Dès la rentrée, retissez des liens avec les connaissances acquises en petite section sur la langue écrite.

• • Reconnaître son prénom sur les étiquettes

Adoptez la même procédure que pour la petite section, plus rapidement en fonction du niveau d'expertise des élèves: écrivez les prénoms sur les étiquettes sous les yeux des élèves en explicitant votre activité, en nommant les lettres (voir p. 49). Donnez à chacun une étiquette cartonnée comportant son prénom en capitales d'imprimerie qui servira de modèle et de référent, selon l'activité.

Exemple d'étiquette-prénom sous forme de chevalet.

Refaites plusieurs fois des activités de reconnaissance du prénom pour vérifier et stabiliser les acquis dans ce domaine.
La plupart des élèves, qui ont sans doute fréquenté la petite section, devraient reconnaître leur prénom sans ajout de signe particulier.

• • La boîte à prénoms

Si les élèves ont déjà utilisé ce procédé en petite section, il est plus rapide à mettre en service. Néanmoins, une quinzaine de jours sont nécessaires pour réactiver ce dispositif. Sinon, il faut le mettre en place comme décrit en petite section (voir p. 54).

Lorsque les élèves arriveront à écrire correctement leur prénom, ils pourront signer eux-mêmes leurs travaux et n'utiliser qu'exceptionnellement les étiquettes autocollantes.

• • Observer l'activité d'écriture de l'adulte

En groupe-classe et chaque jour, écrivez systématiquement sous les yeux des élèves un mot (un prénom et des mots usuels) en capitales puisque les élèves auront à écrire leurs premiers mots avec cette écriture. Il est indispensable de ritualiser cette activité, de la commenter, de nommer les lettres, de les comparer entre elles, de signaler les particularités, etc.
Demandez aux élèves de reconnaître, de mémoire, si la lettre écrite au tableau se trouve dans leur prénom. C'est un excellent exercice qui les aidera plus tard à écrire leur prénom sans modèle.

ACTIVITÉS POUR LA PÉRIODE 2 : LES PREMIERS APPRENTISSAGES

Objectifs : – Systématiser les activités d'écriture par l'étude des aspects formels de l'écrit (composition du mot, forme des lettres) et de ses aspects dynamiques.
– Élaborer des procédures de réalisation.

Durée : Plusieurs semaines, de novembre à février, selon le degré d'expertise et la capacité de régulation des élèves, à raison d'une séance par jour et par groupe, en plus des séances collectives.

Phase 1: conduire les premières activités d'apprentissage

C'est la phase la plus importante, la clé de voûte du dispositif et c'est sur elle que repose le succès de cet apprentissage premier qui demandera beaucoup de temps.

• • Mettre en place le milieu de travail pour l'écriture

L'organisation du milieu de travail doit être pensée avec soin pour faciliter le déroulement du dispositif pédagogique et permettre aux élèves de donner du sens aux activités d'apprentissage. Plusieurs dimensions sont à prendre en compte : l'organisation temporelle et matérielle, la composition du groupe et le choix du premier mot à copier.

• L'organisation temporelle

Scindez cette phase en différentes étapes réparties sur plusieurs semaines (comme indiqué dans le tableau ci-dessous), chaque étape ne devant pas dépasser 20 à 30 min. Afin de ne pas lasser les élèves et leur laisser le temps de s'approprier les connaissances, il est conseillé de ne prévoir qu'une seule séance de travail par semaine pour cette période.

Les premiers essais de copie et d'analyse (dont le nombre de séances est donné à titre indicatif; il sera plus important pour l'écriture du prénom) serviront à manipuler les critères de réussite et de réalisation.

<table>
<tr><th colspan="3">Dispositif pour diriger les séances d'apprentissage de la phase 1</th></tr>
<tr><th>Étape 1: analyse du mot
2 séances</th><th>Étape 2: analyse des lettres
3 séances</th><th>Étape 3: étude des procédures
3 ou 4 séances</th></tr>
<tr><td>- Écriture du mot sur chaque feuille par l'enseignant.
- Copie par les élèves et observation des pratiques par le maître.
- Évaluation collective des résultats: comparaisons et analyse de la composition du mot.
- Dictée à l'adulte.
- Régulation immédiate, réécriture du mot
- Synthèse: énoncé des règles de l'écrit.</td><td>- Copie du mot renouvelée.
- Évaluation collective de la forme de quelques lettres, description et comparaisons.
- Dictée à l'adulte pour les lettres observées.
- Régulation immédiate, réécriture des lettres ou du mot.
- Synthèse: rappel de la structure des lettres.</td><td>- Copie du mot renouvelée.
- Verbalisation, comparaison des procédures de réalisation de certaines lettres, énoncé des conventions et des critères de réalisation.
- Dictée à l'adulte pour quelques lettres.
- Régulation immédiate: réécriture des lettres (ou du mot).</td></tr>
<tr><td colspan="2">Centration sur les aspects formels: analyse de la composition du mot et de la forme des lettres (critères de réussite).</td><td>Centration sur les procédures (critères de réalisation) et découverte des conventions de l'écriture des lettres.</td></tr>
</table>

Si les élèves manifestent en priorité de l'intérêt pour la forme des lettres, il est possible de commencer par l'étape 2, ce qui ne nuit en rien à l'analyse des aspects formels.

L'étape 3 est plus complexe, car moins matérialisée : elle nécessite du temps et de la décentration.

Ce dispositif est à renouveler pour l'écriture du prénom ou de tout autre mot jusqu'à une maîtrise acceptable de l'écriture.
La durée et le nombre des séances doivent être établis en fonction de la longueur des mots, des habiletés construites et de l'appropriation des modalités de travail (verbalisation, échanges, etc.).

• L'organisation matérielle

La disposition spatiale

Le risque de copie en miroir (si certains élèves adoptent les gestes de celui d'en face) est souvent évoqué lors de l'usage de tables rondes (ou ovales), mobilier fréquent en école maternelle. Ce risque n'a cependant pas été observé lors des séances organisées selon le dispositif que nous proposons, sans doute parce que le maître écrit le mot sur les feuilles sous les yeux des élèves et qu'il écrit fréquemment au tableau (on peut faire l'hypothèse que les élèves ont mémorisé l'organisation gauche-droite de l'écrit).
Cette disposition imposée par le mobilier présente pourtant des avantages pour les interactions qui vont avoir lieu et qui sont le point fort de l'apprentissage. Ainsi, tous peuvent entendre et s'observer.
Pour les remédiations plus ciblées ou délicates, il est possible de proposer une autre organisation si le mobilier de la classe le permet (tables individuelles). Dans ce cas, l'objectif de communication est moins prioritaire.
Veillez à ce que le lieu de travail soit suffisamment éclairé.

Exemple d'organisation spatiale des élèves : remarquez la tenue des cahiers et la distance réservée à l'élève gauchère.

Le matériel

Faire en sorte que le support utilisé permette «d'accrocher» l'écriture. Les tableaux blancs effaçables ou les tableaux métalliques dérapent : ils ne sont pas recommandés pour ce niveau.

(Document d'accompagnement des programmes: *Le Langage à l'école maternelle*)

Nous approuvons la mise en garde formulée dans cette citation et insistons sur la qualité des supports qui sont trop souvent à l'origine des échecs dans les apprentissages de l'écriture. Le papier à dessin est idéal pour les premiers apprentissages.

Concernant les premiers essais d'écriture, il vaut mieux utiliser du papier sans lignage. En effet, il est inutile d'ajouter des contraintes aux efforts que vont devoir accomplir les élèves pour la copie correcte des mots. Certaines contraintes parasitent les apprentissages au lieu de les aider. Par ailleurs, on constate que l'alignement horizontal des mots se régule assez rapidement: les élèves prennent pour repère le bord supérieur de la feuille de papier, ce qui requiert un comportement plus autonome que celui consistant à suivre des lignes, et, en conséquence, plus efficace pour le développement des processus spatiaux (pour cette question du lignage, voir p. 140).

Choisissez de bons outils, des crayons de papier à mine tendre (2B), du papier placé horizontalement pour avoir le plus de place possible en longueur: les premières lettres et les premiers mots sont toujours écrits très gros. L'espace graphique doit alors être important pour ne pas ajouter des difficultés, ce qui explique l'orientation de la feuille.

N'oubliez pas de dater les travaux et de signaler le nombre d'essais successifs (essai n°1, n°2 ...) qui concrétisent l'avancée des apprentissages. Indiquez également les objectifs visés et les activités conduites, notamment celles qui ne laissent pas de trace et qui sont cependant indispensables aux apprentissages (analyse et verbalisation, découverte des règles de l'écrit, des conventions, etc.).

• La composition des groupes

La séance d'écriture concerne, à chaque fois, un très petit groupe d'élèves que l'enseignant peut voir écrire en permanence, à qui il peut demander de verbaliser le tracé.

(Document d'accompagnement des programmes: *Le Langage à l'école maternelle*)

Si le travail en ateliers, composés de 5 ou 6 élèves (parfois moins), est à respecter pour conduire convenablement cet apprentissage, le travail en groupe-classe n'est pas à rejeter pour l'écriture. Les démonstrations et les analyses collectives, les dictées à l'adulte sont autant de moments importants pour favoriser les échanges entre élèves.

Les premiers élèves que vous sollicitez sont ceux que vous estimez prêts. Évitez d'imposer cet apprentissage à ceux qui sont en retrait ou qui le refusent.
Restez toujours présent, ne laissez pas les élèves aborder sans contrôle les premiers apprentissages.

Vous pouvez organiser la classe en deux types de groupe :
- Le groupe **hétérogène**, centré sur les interactions : les élèves les plus hardis, qui prennent facilement la parole, facilitent les échanges et permettent aux autres d'obtenir des informations, mais il ne faut pas qu'il y ait un écart trop grand entre les élèves.
- Le groupe **homogène** : il permet une aide ciblée et un étayage sur des difficultés communes ; il atténue le sentiment d'échec de certains élèves face à ceux qui réussissent plus facilement.
Il est bon de composer des groupes différents d'une semaine à l'autre pour éviter les routines entre élèves ou la stigmatisation de certains.

À noter

Pour les élèves qui ne sont pas occupés avec vous à l'atelier écriture, installez des ateliers suffisamment riches pour qu'ils s'y investissent. Ils doivent avoir acquis des habitudes de travail autonome pour ne pas vous déranger trop souvent, ce qui nécessite un certain temps d'appropriation à engager en début d'année. Si vous souhaitez garder une unité didactique, proposez des activités de graphisme (recherche de motifs, décorations, jeux graphiques...), de dessins à décorer ou à compléter, et, plus tard dans l'année, des copies de mots, des recherches de lettres, etc..

• Le choix du premier mot à copier

Le désir des élèves (et des familles) est de pouvoir écrire leur prénom. Ce choix offre des avantages concernant la construction de l'identité et la valorisation de l'activité d'écriture, mais pose des problèmes lorsque les élèves ont un prénom un peu long, double ou complexe par les lettres qui le composent. Cette difficulté est particulièrement renforcée en début d'apprentissage et pour les élèves les moins habiles. De ce fait, cet apprentissage risque d'en rebuter certains car ils sont d'entrée de jeu placés devant des difficultés.
Vous pouvez donc décider de commencer l'apprentissage systématisé de l'écriture par la copie d'un mot collectif spécialement choisi.

Le prénom

Si vous faites ce choix, le travail d'analyse et de verbalisation est plus long car il faut examiner chaque prénom avec précision. De plus, la gestion du groupe est plus complexe pour capter l'attention de tous, bien que les

élèves éprouvent beaucoup d'intérêt à observer et à examiner le travail des autres (souvent cela les rassure).
Cependant, cette diversité offre des avantages car elle permet de montrer que, quel que soit le mot, la règle d'écriture est la même : alignement, présence de toutes les lettres, etc.
Elle offre un autre avantage : plusieurs lettres sont examinées au cours de ces séances puisque tous les élèves sont sollicités pour analyser les différentes lettres[8], ce qui enrichit le répertoire de chacun.

Un mot unique collectif

Choisir un mot collectif pour les premières situations d'analyse favorise la gestion de la séance et l'appropriation par les élèves des règles de l'écrit de façon plus rapide et moins ambiguë. En effet, les échanges collectifs portant sur une référence commune limitent la dispersion. Le transfert vers le prénom en est facilité.
Vous pouvez proposer la copie d'un mot simple, court et connu des élèves, par exemple : nom de la marionnette, mot rencontré dans une histoire qui comporte 4 ou 5 lettres, dont au moins une assez facile (O ou I). Si vous commencez l'apprentissage vers le mois de décembre, le mot NOËL est un choix judicieux.

À savoir

L'apprentissage de l'écriture du prénom est un objectif de moyenne section. C'est une importante source d'informations pour découvrir le fonctionnement du système alphabétique : choix et ordre des lettres non aléatoire, valeur sonore conventionnelle des lettres, correspondance entre la chaîne écrite et la chaîne parlée. Ce support est donc à privilégier pour une première prise de conscience phonique. Il en est de même pour les mots qui reviennent le plus souvent dans l'activité de la classe, comme les jours de la semaine.

• • Diriger les premières séances d'apprentissage

• Étape 1 : Analyse du mot

Objectifs

- Analyser la composition du mot et verbaliser les critères de réussite.
- Découvrir le fonctionnement du système de la langue écrite.
- Énoncer des règles de l'écrit.

8. Pour une classe de 25 élèves, nous avons relevé, dans les prénoms, une dominante pour les voyelles (plus de 20 fois pour A, E, I), mais aussi pour certaines consonnes M et N (13 fois), D, L, R (10 fois). Seules 3 lettres n'ont jamais été employées (X, Y, Z). Ce qui montre l'intérêt d'une analyse collective.

Matériel

- Feuilles non réglées.
- Crayons de papier tendres.

Durée

La séance peut durer de 20 à 30 min (pas plus).

Selon le niveau d'attention des élèves, vous pouvez interrompre la séance avant l'étape de la dictée à l'adulte, qui donnera lieu à une autre séance suivie de la régulation et de la synthèse.

Déroulement

À noter

C'est l'écriture d'un mot unique qui a été choisie pour expliciter le déroulement du dispositif, ceci afin d'en faciliter la compréhension. Pour l'écriture du prénom, le même déroulement sera adopté; il faudra y consacrer plus de temps. Au moment de l'analyse de la forme des lettres, commencez par une lettre présente dans plusieurs prénoms, puis choisissez les autres lettres en fonction de ce que vous aurez observé dans la classe (lettres déformées, incomplètes...). Faites toujours participer tous les élèves. La dictée à l'adulte est un excellent moyen pour capter leur attention.

– Vous copiez le mot sur chaque feuille.

Commencez par écrire le mot à copier sur chacune des feuilles des élèves. Décrivez ce que vous faites: lisez le mot, donnez le nom des lettres, faites des commentaires sur leur forme, leurs ressemblances, comme lors de l'écriture des étiquettes des prénoms. Si vous avez choisi un mot collectif, faites des rapprochements avec les lettres de leur prénom. Si vous avez choisi le prénom comme première copie, montrez au groupe-classe chacun des prénoms que vous venez d'écrire pour maintenir l'attention: « Regardez, je viens d'écrire... » Ainsi, les élèves reçoivent déjà des informations même s'il n'est pas encore question de les mémoriser.

Soyez attentif à ce que tous les élèves regardent et attendent que vous ayez fini de tracer chaque modèle avant de commencer leur propre activité. Donnez le signal lorsqu'ils peuvent entrer dans la tâche.

– Les élèves copient le mot et vous observez leur pratique.

> *L'observation des productions des enfants par l'enseignant est déterminante. Elle permet de repérer la façon dont ils entrent dans cet apprentissage, de comprendre leur évolution à un âge où les disparités sont importantes. Le maître a ainsi les moyens de mettre en place la différenciation pédagogique nécessaire, de relancer, pour certains, ses propositions au-delà de ce qu'il avait prévu ou, au contraire, de découvrir des difficultés inattendues pour d'autres et donc de revenir sur ses choix.* (Programmes de 2007)

Durant le premier essai, ne quittez pas la table de travail : vous allez observer ainsi leurs façons de résoudre la tâche, leurs attitudes et comportements. Notez les attitudes :

- Hésitations, embarras : ils regardent d'abord comment font les voisins.
- Fixation du modèle sans engager le travail ou, au contraire, ignorance du modèle.
- Précipitation, inattention, fébrilité.
- Hésitations ou non sur la trajectoire à adopter pour tracer les lettres (le ductus).
- Durée du travail (lenteur, rapidité).
- Manifestation de fatigue musculaire.
- Lassitude, désintérêt.

Observez les techniques :

- La tenue du crayon, le choix de la main, la position des doigts.
- La tenue corporelle : position des bras, du buste, place des jambes. Est-ce que certains se couchent sur la table, se tiennent la tête ?
- La maîtrise motrice : gestes assurés, crispés, hésitants, relâchés.
- La qualité des tracés : fermes, trop appuyés ou à peine visibles.
- Le sens de la trajectoire du mot : de gauche à droite ?
- L'alignement des lettres : le mot est écrit selon une ligne fictive horizontale ou en « escalier ».
- L'étalement des lettres, leurs proportions.
- La première lettre choisie pour commencer…

À noter

N'intervenez *jamais* au cours des copies. Laissez les élèves exécuter la tâche comme ils le peuvent, vous obtiendrez de nombreuses indications sur leurs compétences et stratégies. De plus, intervenir en cours de travail risque de les bloquer et de les inhiber. Le travail de régulation et de correction s'effectue par la suite, grâce à l'analyse de leurs productions et à la recherche des critères : c'est un processus essentiel du dispositif. Modifiez seulement les tenues d'outil, l'attitude corporelle, en passant à côté d'eux et en rectifiant leur maintien sans injonction ni commentaire.

– Évaluation collective des résultats : les critères de réussite du mot sont examinés.

Donnez du sens à l'activité : lorsque les élèves ont fini leurs essais de copie, signalez la fin de l'activité et faites poser le crayon. Il faut clore l'activité de copie sans hésitation, même si certains n'ont pas encore fini. Rappelez la consigne, de façon à consolider le rapport à l'activité d'apprentissage.

Demandez aux élèves si ce travail leur a paru difficile. Le fait de leur suggérer la difficulté de la tâche valorise leurs efforts, les aide à relativiser leurs échecs ou hésitations : vous reconnaissez qu'il est légitime d'avoir rencontré des obstacles.
Annoncez que vous allez procéder à l'évaluation de leur travail : « Vous avez fini, maintenant nous allons évaluer[9], en regardant si le mot que vous avez écrit est bien écrit, comme le modèle, et si je peux le lire. » Cette formule « si je peux le lire » souligne la dimension linguistique du mot et signale indirectement le rapport entre la langue orale et la langue écrite.

À noter

Vous examinerez tous les critères présentés ci-dessous, même s'ils sont respectés : les élèves peuvent respecter les règles de l'écrit au hasard, sans pour autant les connaître.
Vous pouvez commencer l'analyse par l'un ou l'autre critère, en fonction de vos observations ou des interventions des élèves.

Puis conduisez l'analyse de l'écrit en faisant verbaliser les critères l'un après l'autre.
Commencez par le **critère d'orientation de la trajectoire et la position spatiale du mot.** Demandez : « Regardons d'abord le modèle que j'ai écrit tout à l'heure sur votre feuille : Qui peut me dire de quel côté de la feuille j'ai commencé ? Dans quel sens faut-il aller ? » Attendez les réponses. Le plus souvent, les élèves font des gestes, vous énoncez alors les termes : gauche, droite. Faites répéter. Si les élèves vous ont régulièrement vu écrire devant eux, l'inversion de direction ne se produira pas, sauf peut-être pour ceux qui ne sont pas encore suffisamment latéralisés.
Pour la même raison, et aussi parce que les élèves ont manipulé beaucoup d'écrits (albums), peu d'élèves tracent les lettres dispersées sur la feuille. Bien entendu, un alignement parfaitement horizontal n'est pas exigible à ce stade de l'apprentissage. Rappelons le parti pris de ne pas tracer des lignes sur la feuille.

Poursuivez avec le **critère d'alignement, d'horizontalité.** Demandez : « Comment j'ai placé ces lettres ? Partout sur la feuille ? » Laissez les enfants s'exprimer puis ajoutez : « Montrez avec votre main comment sont placées ces lettres. » Puis donnez le terme exact : « Les lettres sont alignées bien droit, horizontalement. »

9. Vous pouvez employer le mot « évaluation » : il fera rapidement partie du vocabulaire de travail car associé à ses fonctions, autrement dit examiner la conformité des écrits.

Exemple de problème d'horizontalité et de régulation après observation et verbalisation.

Vient ensuite le **critère de complétude.** Annoncez : « Maintenant, nous allons vérifier si vous avez écrit toutes les lettres du mot. » Demandez : « Est-ce que vous avez écrit la première lettre ? Montrez la première lettre sur le modèle. » Vérifiez que tous montrent la bonne lettre. Ajoutez : « Montrez maintenant si vous, vous avez su l'écrire. Où est-elle ? » Faites de même pour toutes les lettres. Donnez le nom des lettres.
Relativisez les oublis des élèves en soulignant que, plus tard, vous les aiderez à dépasser leurs difficultés.

Première copie du mot NOEL, avant régulation : oubli de la lettre O, chose rare, car c'est la lettre la plus facile à écrire. À remarquer également : la bascule du L et les proportions du E.

Terminez avec le **critère d'ordre.** Demandez : « Quelle est la première lettre que j'ai écrite ? » Proposez-leur de montrer avec leur doigt, sur le modèle, la première lettre du mot. Vérifiez que chacun a placé convenablement son doigt. Précisez : « Maintenant montrez-moi où vous, vous avez écrit cette lettre. » Une fois que les élèves ont pointé la lettre, poursuivez : « Et puis après, c'est laquelle ? » Continuez ainsi pour toutes les lettres.

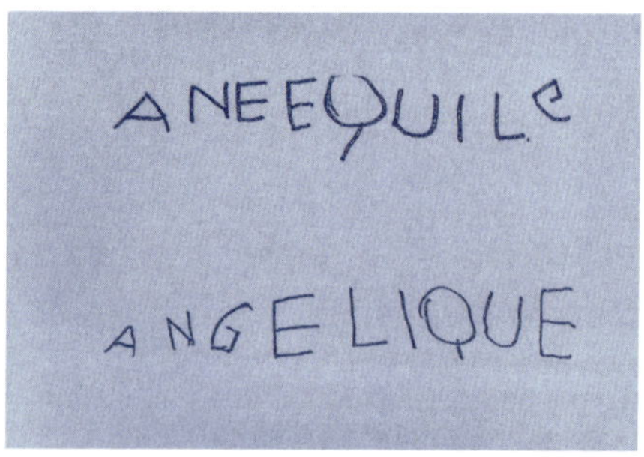

Copie du prénom : le critère d'ordre n'est pas respecté. La régulation immédiate porte ses fruits.

Après l'examen de chaque critère, énoncez la règle correspondante. Vous pouvez arrêter ici la première séance, en rappelant toutes les règles. Vous les énumérerez également en débutant la séance suivante.

À noter

Le critère de complétude et le critère d'ordre semblent se confondre, or toutes les lettres peuvent être présentes sans pour autant être placées dans l'ordre exact. N'hésitez pas à distinguer les deux, la redondance n'est pas superflue.

– Les élèves dictent à l'adulte.

Procédez selon le principe énoncé dans la partie I (voir p. 28) : demandez aux élèves de vous guider pour effectuer vous-même la copie du mot en prenant en compte les observations précédentes. Ils vont sans doute dire : « Il faut faire pareil ! » (comme le modèle). Posez alors des questions : « De quel côté de la feuille ? (Réponses.) Quelle lettre dois-je écrire ? (Réponses.) Ensuite ? (Réponses.) Quel est son nom ? » Etc.

Donnez des contre-exemples sur les critères retenus pour les faire réagir et les inciter à la mise en mots des actions à accomplir, tels que :

- positionner la main au milieu ou à droite de la feuille et attendre leurs remarques,
- commencer par écrire la dernière lettre ou une autre,
- hésiter sciemment,
- coller des lettres entre elles,
- tracer les lettres très éloignées les unes des autres, selon un axe fortement incliné ou n'importe où sur la feuille,
- etc.

À savoir

La dictée à l'adulte est le point fort du dispositif : l'indispensable décentration requise est un atout pour la construction de connaissances. De plus, cette technique permet de retrouver les critères travaillés auparavant, pour une appropriation plus pertinente car directement utile.

– La régulation est immédiate et le mot est réécrit.

Après la dictée à l'adulte, vous pouvez demander aux élèves de recommencer l'écriture du mot pour vérifier l'appropriation des règles. Cette réécriture donne aussitôt des informations sur la résistance ou l'avancée des processus de régulation. L'alignement horizontal devrait être acquis, sans être parfaitement respecté sans doute, mais en général la tentative de correction est nette pour ceux qui n'avaient pas été vigilants lors du premier essai. En ce qui concerne la complétude, les élèves devraient avoir essayé de tracer toutes les lettres, même maladroitement. La régulation sur le critère d'ordre sera facilitée si le mot à copier est court.

Les semaines suivantes, les essais montreront la permanence ou non des acquis. En effet, on constate souvent des régressions : la régulation immédiate n'est pas toujours l'indice d'une appropriation stabilisée des règles. Si le travail d'analyse et de verbalisation de la forme des lettres se fait ultérieurement, leurs tracés seront sans doute encore très imparfaits. Rassurez les élèves et signalez simplement qu'ils apprendront plus tard à écrire les lettres qui leur posent problème.

– En synthèse, les règles de l'écrit sont énoncées.
La synthèse constitue un moment intense, dans la mesure où elle va permettre de clôturer symboliquement la séance, de faire le bilan du travail accompli ou des apprentissages réalisés, et enfin d'institutionnaliser les règles.
Il est important de la présenter comme un véritable rituel :
– Sollicitez l'attention des élèves.
– Débarrassez la table de tout matériel susceptible de les distraire.
– Énoncez les règles : « Quand on écrit, il faut se souvenir de ceci : on commence de ce côté de la feuille (montrer), à gauche, et on va vers la droite ; on essaie d'écrire bien droit, en suivant le bord de la feuille ; on écrit toutes les lettres, bien à leur place. »
– Finissez en indiquant la nature de la prochaine séance.

Pour consolider ces règles, vous pouvez, collectivement à la fin de la semaine (lorsque tous les groupes auront effectué ce travail), choisir d'écrire un autre mot et demander quelles sont les règles à respecter. Cela permet de montrer que, si les mots varient, les règles restent les mêmes, ce qui ne va pas de soi pour les élèves. Ce constat sera renforcé lors de l'apprentissage de l'écriture des prénoms.

Ces premières étapes sont fondamentales, elles instaurent les règles de fonctionnement du dispositif pour l'apprentissage de l'écriture et peuvent déterminer, pour longtemps, l'investissement des élèves dans la tâche.

• Étape 2 : Analyse des lettres

Objectifs
- Vérifier la conformité de la forme des lettres.
- Comparer les résultats obtenus au modèle.
- Verbaliser les critères de réussite.

Matériel
Papier non réglé et crayons tendres.

Durée
Séances de 20 à 30 min.
L'analyse de la forme des lettres prendra du temps, il faudra plusieurs séances pour examiner toutes les lettres et refaire ce travail dans le cadre de la copie du prénom ou de l'écriture d'autres mots et de lettres moins usuelles.

> *On postule que l'écriture des lettres est utile à une meilleure discrimination de leurs traits distinctifs, à une bonne appropriation de la forme et à l'acquisition de gestes précis qui ne seront pas négligés dans la copie de mots ou de phrases.*
> (Document d'accompagnement des programmes: *Le Langage à l'école maternelle*)

Déroulement
– La copie du mot est **renouvelée.**
Les élèves sont toujours en petits groupes. Écrivez comme précédemment le mot choisi sur chacune des feuilles, sous leurs yeux.
Interrogez de temps à autre un élève sur une règle déjà énoncée avant d'écrire: « Peux-tu me montrer de quel côté de la feuille je dois commencer pour écrire ? » Ou: « Par quelle lettre je commence ? » Etc.
Laissez ensuite les élèves faire leur copie sans intervenir, en observant toujours leurs procédures. Rectifiez éventuellement les tenues du crayon, du corps, en limitant les commentaires et sans entraver le déroulement de la tâche.

À noter

Il est préférable de garder le même mot pour ces analyses: il est connu des élèves et ils n'ont pas fini d'en extraire les règles pour l'écrire correctement. De plus, vous pourrez comparer leur deuxième essai avec le premier en vous aidant des informations prises la fois précédente.

– La forme de quelques lettres est **évaluée collectivement:** elle est **décrite** et **comparée** à d'autres.
Cet exercice de comparaison et de description de la forme des lettres permet aux élèves de prendre de la distance par rapport à l'action concrète. Il les conduit à **organiser les données perceptives**, processus fondamental pour pouvoir effectuer correctement l'analyse d'un modèle, quel qu'il soit.
On travaille ainsi de façon fine l'observation de la structure de la lettre, ce qui permet d'établir des relations entre le tout et les parties, processus qui fait défaut aux jeunes élèves.
Lorsque les élèves ont fini leur copie, commencez directement l'analyse des lettres. **Deux possibilités** vous sont proposées:

– Vous procédez par un **examen lettre à lettre** du mot en commençant par la première lettre. Demandez: « Regardons la première lettre du mot...

Est-ce que vous l'avez écrite correctement ? Ressemble-t-elle au modèle ? Est-ce tout à fait pareil ? » Les élèves montrent la première lettre sur le modèle puis sur leur propre feuille. Adressez-vous à chacun d'eux : « As-tu écrit la lettre tout à fait comme le modèle ? » Si l'élève répond « oui », demandez-lui de montrer « ce qu'il pense être pareil ». S'il répond « non », demandez lui de montrer ce qui n'est pas pareil. Ne portez pas de jugement, contentez-vous d'écouter.

Vous pouvez engager une discussion collective en demandant aux autres élèves s'ils sont d'accord avec ce qui vient d'être dit par leur camarade et pourquoi.

Procédez ensuite à la description collective du modèle de la lettre : « Comment est-elle fabriquée ? » Faites énumérer les segments et préciser leurs positions. Laissez les élèves décrire la structure de la lettre, nommer les différentes parties qui la composent. Aidez-les si nécessaire et spécifiez le vocabulaire adapté (« trait oblique » pour « trait penché », par exemple).

La dictée à l'adulte pour la lettre analysée vient immédiatement après et stabilise l'observation de la forme. Il s'agit là encore d'exprimer les critères de réussite : « Pour que la lettre soit correctement écrite, il faut qu'il y ait... »

– Vous optez pour **l'analyse d'une lettre dont vous avez constaté l'oubli ou l'échec quasi collectif.** Annoncez : « Je vois que vous avez presque tous trouvé difficile cette lettre qui s'appelle... Regardons le modèle pour dire comment elle est fabriquée. »

Procédez comme plus haut : faites décrire la lettre, énumérer les segments, etc. Passez ensuite à la dictée à l'adulte.

À noter

Tous les élèves doivent comparer le tracé de leurs lettres au modèle. Les élèves qui ont réussi leur tracé sont sollicités au même titre que les autres, pour favoriser une prise de conscience de la structure des lettres et la stabilisation de leur réussite parfois purement fortuite.

– Les lettres observées sont **dictées à l'adulte.**

Le travail de description fini, vous pouvez passer à la dictée à l'adulte pour tracer la lettre (ou les lettres) étudiée(s). Annoncez : « Pour écrire cette lettre (la nommer), que dois-je faire ? » Faites préciser la forme des segments, leur position respective pour composer la lettre en haut, au milieu, etc. Si le mot n'est pas trop long, il vaut mieux faire dicter le mot entier.

Il est judicieux, lorsque vous écrivez, de manifester des hésitations ou d'effectuer des tracés inattendus, bien que répondant à leurs directives : vous provoquez ainsi des précisions verbales qui renforcent les indices perceptifs. Par exemple, si la consigne est : « Tu fais un trait bien droit », rien ne dit s'il est vertical, oblique ou horizontal. Choisissez toujours le tracé qui n'est pas conforme en vous justifiant : « Je ne regarde pas le modèle, je fais ce qu'on me dit ! » Le rôle du langage et des consignes en est ainsi renforcé.

– La **régulation** est immédiate et permet la **synthèse** qui s'appuie sur le rappel de la structure des lettres.
La dictée à l'adulte finie, demandez la réécriture du mot ou des lettres concernées.
Puis, refaites clairement la description des lettres travaillées pour en stabiliser la forme.

Copie du mot puis régulation après dictée à l'adulte.

Après avoir procédé à l'analyse de la forme des lettres, il est parfois préférable d'entreprendre tout de suite l'analyse des procédures, ne serait-ce que pour une lettre. C'est une suite logique qui se révèle plus efficace pour les apprentissages. Ceci dépendra du niveau d'attention des élèves, de leur capacité d'analyse.

• Étape 3 : Étude des gestes de l'écriture

Objectifs
- Mettre en œuvre des procédures.
- Permettre aux élèves de se décentrer de l'action concrète pour identifier la nature du mouvement à l'origine de la trace et verbaliser les critères de réalisation.
- Acquérir les conventions de l'écriture (notamment le ductus des lettres).

Durée
La séance durera environ 15 min, temps qui permet d'examiner 2 ou 3 lettres.
Ce travail pourra se répéter tout au long de l'année selon les besoins (pour réguler).

> *Le maître précise la lettre étudiée, dans le cadre de la progression. Il la trace devant les élèves en verbalisant le geste, le sens, les levés de main, toutes les étapes explicitement; il le fait et dit plusieurs fois. Il est essentiel que l'enfant soit le témoin de lettres formées, sous ses yeux, de manière stable.*
>
> (Document d'accompagnement des programmes: *Le langage à l'école maternelle*)

Cette étape porte sur l'identification et l'énoncé des **procédures d'exécution** du tracé des lettres, ce sont les **critères de réalisation** qui sont alors concernés. La dictée à l'adulte se révèle une aide précieuse grâce à la décentration de l'action prise alors en charge par l'enseignant.
Dans l'action, il est normal que les élèves n'aient pas conscience des mouvements effectués pour tracer les lettres, car, à cet âge, l'action et son résultat se confondent. Même si les élèves regardent écrire l'enseignant, ils sont centrés sur la forme qui se réalise sous leurs yeux et non sur le mouvement de la main qui exécute cette forme. Le travail consiste donc à les aider à prendre conscience de la gestuelle à l'origine de la trace, sachant que, pour une même forme, deux mouvements différents sont possibles: vers le haut ou le bas pour les traits verticaux, vers la gauche ou la droite pour les cercles, les arceaux et les traits horizontaux. Il sera évidemment nécessaire d'introduire la règle, sachant qu'elle est moins rigide que pour l'écriture cursive (voir « Y a-t-il des règles pour l'écriture en capitales d'imprimerie ? », p. 134).

Déroulement

Répartissez les élèves en petits groupes (mais une organisation en groupe-classe peut être intéressante lorsque la technique de la description du mouvement est comprise).
Choisissez une des « situations » ci-dessous pour procéder à la verbalisation des procédures de réalisation.
Utilisez le principe de la dictée à l'adulte en faisant verbaliser le mouvement de la main.
Institutionnalisez les règles et régulez.

À noter

Vous donnerez la règle à la fin de chaque analyse en réécrivant la lettre sous les yeux des élèves et en explicitant la bonne procédure.

Exemples de situations

- *Situation n°1:* Demandez à un des élèves qui a réussi la forme de la lettre de venir expliquer comment il a fait. En général, les élèves énumèrent la succession des actions et la forme des tracés sans expliciter le mouvement de la main. Par exemple, pour la lettre L, les élèves peuvent dire:

«Il a un fait grand trait tout droit et puis un petit trait accroché en bas au bout.»
Il vous appartient alors de commenter les actions en décrivant le mouvement effectué par un élève, en nommant les tracés: «Sa main descend, elle trace un trait vertical pour faire la grande barre du L. Puis il place sa main en bas du grand trait pour tracer le trait horizontal de la petite barre du L et il va vers la droite.»
Refaites vous-même le tracé et sa description en faisant reprendre par tous les termes adéquats .

- *Situation n°2:* Demandez à des élèves qui ont effectué le même tracé mais de façon différente, de venir à tour de rôle écrire et expliciter leur façon de faire. Engagez ensuite les comparaisons en faisant remarquer les différences et les ressemblances de procédure, sans donner encore la règle. Vous pouvez éventuellement demander à tous d'essayer la procédure de l'un, puis de l'autre et demander laquelle leur semble la plus facile. C'est une façon de stimuler l'action de chacun: ainsi les élèves ne sont pas seulement spectateurs passifs, ils sont placés dans une situation d'attention volontaire.
Après quelques échanges, donnez la bonne procédure et faites toujours réécrire la lettre en respectant cette procédure.

- *Situation n°3:* Vous pouvez engager avec profit **la dictée à l'adulte**. Annoncez que vous allez écrire vous-même une lettre et avant d'effectuer chaque tracé, demandez: «Où dois-je mettre ma main? Que doit-elle faire pour tracer ce trait?» Etc.

À savoir

La verbalisation des procédures et des directions est très complexe: d'une part, les élèves doivent se décentrer suffisamment pour isoler l'action de son résultat concret, et, d'autre part, ils doivent nommer les directions alors qu'ils ne maîtrisent pas toujours le vocabulaire adéquat. Il est donc important, dans un premier temps, de donner la bonne formulation, de façon à ce que par la suite les élèves puissent l'utiliser.

Institutionnalisation et régulation

Engagez immédiatement les élèves à tracer la lettre selon la norme énoncée.
Vous observerez des progrès très nets, qui cependant ne sont pas toujours stables dans le temps. Il faudra recommencer plusieurs fois ce type d'exercice en cours d'année.

Phase 2 : stabiliser les procédures

Objectifs
- Conduire les élèves à une maîtrise de plus en plus élaborée des activités perceptives.
- Intensifier les situations de différenciation.

Tous les élèves ayant été confrontés aux épisodes précédents, ils ont acquis, ou du moins reçu, les connaissances relatives aux règles et aux conventions de la langue écrite lors de la copie des mots.
Certains d'entre eux se seront sans doute approprié ces règles, mais pas tous et pas entièrement. Ainsi, le travail de cette phase consistera à compléter, à renforcer et à stabiliser ces connaissances et compétences, ceci en grande partie par des situations de différenciation pédagogique.

> *Écrire son prénom en capitales d'imprimerie avec le modèle et sans erreur (lettres formées et non dessinées approximativement).*
>
> (Document d'accompagnement des programmes : *Le Langage à l'école maternelle*)

• • Réguler les écritures

Après l'écriture du mot collectif, vous passerez à l'apprentissage de l'écriture du prénom. Il faudra encore du temps pour que les élèves s'approprient le tracé de l'ensemble des lettres rencontrées (prénoms des camarades, autres mots usuels...). C'est pourquoi vous aurez à renouveler régulièrement et pour plusieurs semaines le dispositif décrit dans la phase 1.
Proposez régulièrement la réécriture de lettres et de mots déjà travaillés pour instaurer des automatismes, ce qui aide à réguler les tracés et à affermir la motricité.

• • Introduire d'autres critères d'écriture

Les critères de réussite proposés jusqu'ici sont les plus fondamentaux : ils sont relatifs au fonctionnement du système d'écriture, à la conformité des lettres et aux conventions. Cependant, d'autres critères peuvent être introduits :
– la régularité de la hauteur des lettres (pour les capitales) ;
– leurs proportions ;
– l'écartement entre les lettres.
On peut également sensibiliser les élèves à l'identification des critères essentiels en les confrontant à des questions problématiques : La couleur a-t-elle de l'importance quand on écrit ? Pourquoi ? Et la grandeur des lettres ?

Copie du mot NOEL : premier essai de régulation de la forme des lettres et de leurs proportions.

À noter

L'harmonie entre les lettres est une exigence qui n'est pas fondamentale au cours des premières copies, pour éviter de freiner les essais. Mais elle devient indispensable lorsque les élèves atteignent un certain niveau d'habileté. C'est un élément qui s'avère capital pour l'écriture cursive ; il est bon de l'aborder objectivement même si ce critère semble « aller de soi ».

• • Élargir le corpus de mots et de lettres

Ce n'est pas parce que les élèves réussissent certains tracés que, pour autant, ils se sont définitivement approprié les règles de l'écriture. C'est en étant confronté plusieurs fois à une situation de copie de mots, entre autres, qu'ils intériorisent leurs connaissances.

• Copier d'autres mots et lettres

Cela peut être l'écriture du prénom, si vous avez commencé par un mot unique.
Par ailleurs, choisissez d'autres mots soit pour leur facilité ou leur difficulté (mots plus ou moins longs), soit pour leur portée affective (papa, maman, prénom d'un camarade ou autre).
Introduisez des mots comportant des lettres peu fréquentes.
Procédez comme il a été décrit plus haut : écrivez directement sur la feuille de chacun, faites verbaliser, conduisez une dictée à l'adulte au besoin, avant d'amener à une centration sur la forme puis sur les procédures.
Conservez l'écriture de la date lors du rituel matinal.

• Écrire le prénom directement sur les travaux

Lorsque les élèves arrivent à écrire leur prénom sans trop de déformation, ils peuvent signer leurs travaux, ce qui évite de coller l'étiquette du prénom. L'acte d'écriture devient alors plus autonome.
Donnez les étiquettes du début de l'année.
Positionnez-les sur la feuille : à gauche pour les droitiers, à droite pour les gauchers ou au milieu de la feuille pour tous. Il est rare qu'à ce stade des apprentissages les élèves la placent à l'envers.
Contrôlez régulièrement leur façon de faire.

Veillez à ce que les écritures ne se déforment pas à la longue; auquel cas, arrêtez cette pratique, revenez au étiquettes autocollantes et mettez en place une séance de régulation pour retrouver des écrits corrects.
Ne laissez pas les élèves écrire leur prénom de façon incorrecte ou déformée, ils risquent d'automatiser les imperfections et la régulation en sera d'autant plus ardue.

• • Intensifier la différenciation pédagogique

Cette période consistant à renforcer et à stabiliser les connaissances et habiletés, organisez des groupes sur des critères bien identifiés en fonction des régulations nécessaires pour chacun.

Si vous souhaitez faire un travail approfondi avec des élèves qui sont particulièrement en difficulté, composez alors des groupes homogènes (pas plus de quatre élèves). Vous pouvez simuler la dictée à l'adulte en vous donnant des directives à voix haute, comme si vous répondiez à une question (« Que faut-il tracer ?... Ah ! je vois le modèle ! Il faut faire... »).

Si vous constatez que certains élèves, qui ont du mal à réaliser une copie, ne semblent pas comprendre à quoi sert la verbalisation, ou bien qu'ils s'expriment peu, voire pas du tout, insérez-les dans le groupe des élèves qui ont la parole plus aisée et qui ont compris ce qu'on attend d'eux en verbalisant. Faites répéter par tous les explications données.

À savoir

On peut très bien apprendre à écrire sans verbaliser les actions, en agissant par copie. Cependant, le transfert des compétences est souvent aléatoire ou incomplet et la prise de conscience est plus longue. Le fait de verbaliser permet de structurer son discours, d'organiser sa pensée, d'acquérir du vocabulaire...

Néanmoins, il ne faut pas pousser les élèves à verbaliser à tout prix : une écoute attentive est parfois suffisante pour certains et remplit le même rôle. Le langage interne prend ici toute sa valeur : l'élève élabore la réponse « dans sa tête » sans oser ou vouloir l'énoncer; le langage perd sa forme sonore externe, mais garde sa valeur cognitive.

• • Présenter l'écriture script

Les élèves doivent pouvoir observer, comparer et identifier les trois types d'écriture, et en connaître les équivalences. C'est en moyenne section que commence ce travail de découverte, d'abord sur l'écriture script (ou minuscule d'imprimerie) puis plus tard sur la cursive.
La copie de mots en script n'est pas une obligation (voir la grande section, p. 108).

Il convient donc de mettre en place des tables de correspondance de l'écriture des lettres en majuscule et en minuscule. Associée à l'apprentissage de l'écriture manuscrite, cette approche conduit à fixer le nom des lettres avec leur graphie, autrement qu'avec la « comptine » de l'alphabet [...].

(Document d'accompagnement des programmes: *Le Langage à l'école maternelle*)

Cette découverte peut se faire de façon aléatoire ou, au contraire, programmée et organisée.
Dans le cas d'une **découverte aléatoire**, un élève vous fait remarquer, par exemple, que sur un album, il y a des lettres différentes de celles qu'il écrit à l'école (parfois, la connaissance des lettres en script est acquise en dehors de l'école); ou bien l'un d'entre eux fait cette remarque lors de la manipulation d'un ordinateur. Dès qu'un élève apporte ce constat, ne remettez pas à plus tard, profitez-en pour aborder l'observation de ce type d'écriture.
Comparez quelques lettres, les plus courantes, puis écrivez à chacun son prénom en script (l'initiale en capitale) sur une feuille, puis sur l'étiquette du prénom.
Dans le cas d'une **découverte programmée**, choisissez le moment qui vous semble approprié, puis organisez une séance collective. Par exemple, annoncez que vous allez écrire un mot connu au tableau (un prénom) et reproduisez le en script. Si les réactions ne se font pas tout de suite, provoquez-les en demandant: « Est-ce que j'ai bien écrit la lettre... ? »
Il vaut mieux attendre que les élèves aient acquis une certaine maîtrise de leur prénom pour commencer cette découverte.

Lorsque vous aurez montré la particularité de cette écriture, donnez des journaux, des albums, des revues sur lesquels les élèves auront à rechercher des lettres en capitales et leur équivalence en script. Demandez-leur également de retrouver les lettres de leur prénom en script, puis d'autres mots.

Le travail sur les correspondances capitale-script s'amorce en moyenne section; il sera obligatoire, plus intense et systématisé en grande section.

Phase 3 : s'entraîner

Objectifs
- Tendre vers l'automatisation des gestes, la régularisation des tracés.
- Initier les relations graphophonologiques.

• • Systématiser les acquis

Écrire des mots antérieurement copiés sous la conduite du maître, en capitales d'imprimerie, avec le modèle et sans erreur (lettres formées et non dessinées approximativement).

(Document d'accompagnement des programmes : *Le Langage à l'école maternelle*)

• Écrire quotidiennement des mots en autonomie avec modèle

Objectif

Instaurer les automatismes indispensables à la maîtrise gestuelle.

Bien que certains élèves aient encore besoin de séances de travail organisées et étayées, avec un guidage rigoureux du maître, la plupart d'entre eux peuvent écrire de façon autonome, c'est-à-dire sans une observation systématisée de l'enseignant qui devra cependant contrôler régulièrement les productions.

C'est la régularité qui permet l'automatisation des gestes. En effet, les élèves doivent écrire tous les jours au moins un mot avec un modèle : le prénom sur les travaux (à l'aide du modèle sur l'étiquette), la date, des mots pris sur les albums ou encore, quand ils sont plus complexes, des mots que vous aurez tracés directement sur la feuille.

À savoir

Le modèle qui n'est plus tracé sur la feuille instaure une distanciation nécessaire entre le modèle et la copie, ce qui a des effets sur les prises d'indice et l'organisation spatiale.

• Écrire sur une ligne et entre deux lignes

Objectif

Aider à l'acquisition de l'horizontalité et à l'harmonisation des lettres.

L'écriture sur une seule ligne est perçue comme un moyen utile pour assurer l'horizontalité du mot, ce qui est à discuter.

D'une part, on remarque que, par peur de rater la ligne, les élèves démarrent leurs lettres de cette ligne et ne tracent souvent que des traits remontants (pour la capitale), ce qui ne les aide pas à acquérir le ductus dominant (haut / bas).

D'autre part, la pratique montre que, sans cet étayage, les élèves régulent spontanément l'horizontalité du mot au cours des séances, à mesure qu'ils maîtrisent le tracé des lettres.
Il semble que, sauf problème spécifique, ils construisent eux-mêmes des repères par rapport au bord supérieur de la feuille. De ce fait, l'écriture sur une seule ligne nous semble inutile et peu fonctionnelle.
L'écriture entre deux lignes nous paraît en revanche plus utile pour développer la maîtrise et la dynamique gestuelle, l'anticipation du geste et le guidage visuel nécessaires pour l'harmonisation de la hauteur des lettres, la régulation de l'occupation spatiale du mot sur la feuille (l'écrit doit se réduire en hauteur et en longueur).
Cependant, si l'écriture entre deux lignes est une bonne technique pour favoriser ces régulations, cet usage nous semble tout à fait inadapté en tout début d'apprentissage, contrairement à l'opinion courante. En effet, confrontés pour la première fois à l'écriture, les élèves sont préoccupés par la forme des lettres, la complétude du mot. Leur imposer de suivre une ligne ou de respecter les deux lignes, instaure une règle supplémentaire qui se révèle alors plus une contrainte qu'une aide, comme en témoignent ces exemples.

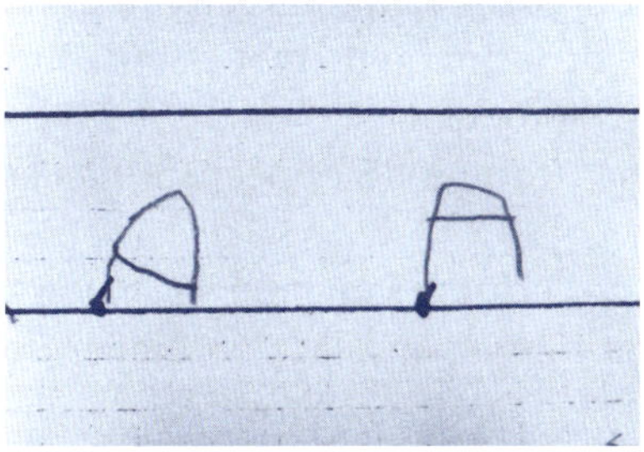

Aperçu de la difficulté de respecter la consigne « entre deux lignes ».

Le tracé des lettres n'étant pas encore assimilé, les deux lignes s'avèrent inutiles, ainsi que le point pour signaler la place des lettres qui est ignoré. L'élève est certainement absorbé par le tracé des lettres, les autres exigences ajoutant des contraintes ne sont pas respectées.

Introduisez les deux lignes lorsque vous constatez que les élèves maîtrisent convenablement le tracé des lettres. Proposez un écart de 2 cm environ pour débuter, puis réduisez à 1 cm selon leurs performances (un écart trop grand n'est pas fonctionnel).
Veillez à la régularité des espaces entre les lettres et, surtout, entre les mots.

• Mémoriser l'écriture du prénom

Objectif
Développer la mémoire volontaire.

Écrire son prénom en capitales d'imprimerie sans le modèle (lettres formées).
(Document d'accompagnement des programmes: *Le Langage à l'école maternelle*)

La plupart des élèves peuvent signer leur travail en s'aidant de l'étiquette-prénom. Pour les plus habiles, vous pouvez proposer l'écriture du prénom de mémoire.
L'écriture du prénom sans modèle se fait assez rapidement si vous avez écrit régulièrement sous leurs yeux, au tableau, depuis la rentrée scolaire, en sollicitant leur attention (en demandant, par exemple: «Qui a cette lettre dans son prénom?»).

Déroulement
Le travail s'effectue, en alternance, en petit groupe et en groupe-classe. Prévoyez plusieurs séances hebdomadaires, variez les séances.
Faites des dictées de lettres, de mots connus, sur ardoise. Demandez aux élèves, par exemple, de vous dicter leur prénom, lettre après lettre.
Montrez quelques secondes un modèle de lettre ou de mot (assez court pour commencer) qu'ils doivent ensuite reproduire.
Faites reconnaître des lettres au toucher (formes découpées sur papier émeri) et collées sur des feuilles lisses.
Si vous constatez des dégradations lors de l'écriture sans modèle, imposez le collage de l'étiquette du prénom et mettez en place un atelier de régulation.

• • Initier la correspondance graphophonologique

Objectifs
- Attirer l'attention des élèves sur la valeur sonore des lettres, syllabes et mots, leur rôle dans la forme orale de la langue.
- Se décentrer du seul aspect visuel de l'écrit.

Matériel
Des étiquettes identiques par le format à celles qui servent de modèle pour la copie des prénoms (le prénom de chaque élève aura été modifié). Plusieurs modifications sont possibles. Par exemple pour le prénom MARIE:
- mélangez toutes les lettres: AMIER;
- écrivez dans l'ordre inverse: EIRAM;
- déplacez une ou deux lettres du début du mot à la fin du mot: RIEMA ou ARIEM;
- mettez une lettre de la fin au début: EMARI;

- enlevez une ou deux lettres: MARE;
- ajoutez une ou deux lettres: MARIETA;
- redoubler certaines lettres: MARIAE, MARIER...

Durée

Procédez à raison d'une transformation par semaine.

Prendre conscience des réalités sonores de la langue:

Il convient donc de lui [l'enfant] permettre d'entendre autrement les paroles qu'il écoute ou qu'il prononce en apprenant à centrer son attention sur les aspects formels du message. [...] On peut aller plus loin en instaurant des jeux visant à allonger un mot d'une syllabe, à le diminuer, à inverser les syllabes [...]. (Programmes 2007.)

Dès le début de l'année, vous avez nommé les lettres par leur nom, systématiquement, au cours des exercices de copie ou lors de vos écrits. De même, les écritures « inventées » et la dictée à l'adulte pour écrire des textes sont autant de situations qui sensibilisent les élèves à la composante sonore de la langue écrite. Il s'agit à présent de faire un travail visant directement la mise en évidence des réalités sonores de la langue écrite.
À côté des jeux usuels sur les syllabes, les assonances et rimes, vous présenterez des mots à l'écriture erronée que vous lirez tels quels avant de retrouver leur graphie correcte.

Déroulement

Le travail s'effectue en petits groupes, car il faut lire le mot déformé à chacun.
Préparez des étiquettes avec les prénoms que vous aurez modifiés.
Distribuez à chacun son étiquette et demandez si vous ne vous êtes pas trompé, si c'est bien son prénom. Les élèves devraient réagir devant les modifications, par exemple: « Mon prénom ne commence pas comme ça ! »
S'ils ne réagissent pas, insistez et montrez un prénom en faisant remarquer qu'il y a un problème.
Faites rechercher les ressemblances et les différences, identifier les transformations avec l'étiquette de référence.
Lisez le mot ainsi créé: c'est là le plus important pour initier cette relation graphophonologique. Demandez ensuite de l'écrire correctement.

À savoir

L'intérêt de ce jeu est double: d'une part, il permet d'affiner la discrimination visuelle, d'autre part, il met en relation l'oral et l'écrit, sans enseignement mais par une sensibilisation auditive. De cette façon, on suggère le fonctionnement du code.

Certains enseignants éprouvent des scrupules à transformer ainsi le prénom: il est vrai que ce choix peut poser problème pour quelques élèves. Le prénom écrit, à cet âge, n'est pas encore compris comme étant la traduction des sons de la langue, mais comme un symbole représentant l'enfant ; de ce fait, il ne peut être divisible. On peut prendre alors un mot connu des élèves, déjà présent en classe, et c'est ce mot qui sera transformé.

ACTIVITÉS POUR LA PÉRIODE 3 : GÉNÉRALISATION ET TRANSFERT

Objectifs :
- Exploiter des habiletés dans d'autres graphies.
- Étendre ses compétences à des situations plus éloignées.

Phase 1: généraliser

Objectifs
- Solliciter la généralisation pour renforcer et stabiliser l'appropriation des règles sur des écrits plus variés et complexes.
- Introduire des outils et des supports différents (porte-plume et encre, lignage).

La généralisation suppose de pouvoir réinvestir les acquis dans des situations plus complexes. En effet, vers la fin de l'année scolaire, l'écriture en capitales du prénom avec modèle ne devrait plus poser de problème aux élèves ; certains même l'écrivent de mémoire. Il s'agit donc de les conduire à effectuer, de façon autonome, des copies correctes de mots nouveaux ou complexes, de petites phrases, toujours en capitales. Ils enrichissent par ailleurs leurs connaissances sur les correspondances entre les diverses graphies (capitale, script). Enfin, ils sont amenés à écrire avec des outils nouveaux (plumes) et parfois étranges (calames, pinceaux).

> *En cours d'année, l'enseignant introduit une palette d'outils scripteurs de bonne qualité qui vont aider le développement de la maturité manuelle.*
>
> (Document d'accompagnement des programmes: *Le Langage à l'école maternelle*)

• • Copier des mots choisis librement, des petites phrases ou des locutions

Laissez aux élèves le libre choix des mots à copier, dans des situations de travail autonome. En effet, le libre choix stimule les élèves tout en les rassurant; c'est aussi une source d'informations pour le maître.

Augmentez cependant les difficultés en demandant la copie de mots complexes, par leur longueur ou la présence de lettres difficiles.
Proposez l'écriture de locutions assez courtes, comme « bonne fête » ou « joyeux anniversaire ». Abordez ensuite la copie de phrases à trois ou quatre mots.
La difficulté consiste à respecter les intervalles entre les mots. Ce travail complétera les exercices sur la compréhension de la segmentation de la chaîne parlée en unités.

Cette copie montre que l'élève a ignoré le second intervalle, sans doute absorbé par le tracé des lettres. Nul doute qu'il pourra rapidement réguler puisqu'il a su respecter le premier.

À noter

La copie de locutions ou de petites phrases se heurte à la nature même de l'écrit en capitales, comme en script, qui est de respecter la séparation entre les mots. Il faut en effet exercer la vigilance pour que cet intervalle soit pris en compte et aider à la distinction des mots. Faites écrire les différents mots les uns sous les autres en colonne pour commencer.

• • Sensibiliser à la segmentation de la chaîne écrite

Balayer du doigt le message écrit en lui associant le contenu sonore constitue une mise en relation de l'oral et de l'écrit. Ce mime de la lecture amène les élèves à faire des remarques et des liens entre ce qu'ils voient et ce qu'ils entendent.

(Document d'accompagnement des programmes : *Le Langage à l'école maternelle*)

Proposez cette activité de balayage d'un mot ou d'une phrase avec le doigt et observez comment procèdent les élèves : ils énoncent à voix haute le texte et, soit le doigt avance plus vite que la verbalisation, soit c'est le contraire. Faites cet exercice sous leurs yeux en détachant bien les mots, mettez en place de petits jeux.

• Des jeux de mise en relation oral-écrit

Objectifs

- Attirer l'attention sur la correspondance entre la longueur des énoncés écrits et ceux qui sont oralisés, en introduisant des énoncés antinomiques.
- Aborder les notions de mot et de phrase, et la segmentation de la chaîne écrite.

Matériel
- De grandes feuilles.
- Des images.
- Des feutres.

Durée
Une séance de 15 à 20 min. Vous pouvez présenter les deux situations au cours de cette séance, et renouveler la séance avec d'autres images.

Déroulement

Ces jeux s'effectuent en groupe-classe ou en petits groupes. Le travail de l'enseignant consiste à énoncer le contraire de ce qui est écrit pour provoquer un conflit cognitif: dire une longue phrase alors qu'un seul mot est tracé, ou bien, énoncer un seul mot quand une longue phrase est écrite. C'est une façon intéressante pour montrer la relation entre la chaîne orale et la chaîne écrite.

Deux procédés sont possibles:
– **Premier procédé:** Préparez le support avant la séance. Collez sur une grande feuille une image représentant plusieurs objets (par exemple, une corbeille remplie de fruits). Écrivez en dessous une longue phrase, par exemple: «Dans cette corbeille, il y a des pommes, des poires, des cerises et des bananes.» Présentez aux élèves le dessin en ayant soin de cacher l'écrit. Demandez-leur de décrire ce qu'ils voient. Après leur énumération, annoncez que vous allez lire ce qui est écrit. Découvrez la phrase et dites: «Regardez ce que j'ai écrit: "fruits"» Prononcez en insistant sur le mot et en suivant la phrase du doigt en montrant sciemment sa longueur (accentuez l'ampleur du geste). Si les élèves ne réagissent pas, provoquez leurs objections: «J'ai écrit tout ça et quand je lis, je dis, seulement "fruits". Vous pensez que j'ai raison?» Lorsque les élèves ont remarqué que votre énoncé est court alors qu'«il y a beaucoup écrit», lisez la phrase en montrant les mots un à un.
Insistez sur le nom des fruits. Peut-être que certains mots ont été déjà rencontrés en classe: faites éventuellement des liens avec les mots connus. Recommencez le même scénario avec un autre dessin pour renforcer la prise de conscience.

– **Deuxième procédé:** Il est possible d'opérer avec la même image (ou une autre comprenant également un nombre important d'objets, d'animaux ou de personnes). Collez cette image sur la feuille et écrivez dessous un seul mot: «fruits» que vous cachez. Faites décrire l'image. Puis découvrez le mot et annoncez que vous allez lire ce qui est écrit. Mettez le doigt sur le mot et déclarez : «J'ai écrit: "Dans ce panier, il y a des pommes, des poires, des cerises, des bananes, des fraises et des melons." » Le doigt reste sur le mot « fruits » tandis que vous énumérez le nom des fruits. Lorsque vous avez fini, demandez-leur s'ils sont d'accord. Il y aura bien un ou deux élèves pour remarquer que « vous parlez beaucoup par rapport à ce qu'il y a d'écrit ». Sinon, apportez vous-même la solution et recommencez avec un autre support.

• • Tester de nouveaux outils et supports

Objectifs
- Redéfinir les procédures.
- Relancer l'intérêt pour l'activité.
- Travailler sur la tenue de l'outil et ses modes d'utilisation.
- Aborder l'aspect historique et culturel des outils.

• Les outils

Savoir utiliser les stylos à bille, surligneurs, stylos à plume (plumes).
(Document d'accompagnement des programmes: *Le Langage à l'école maternelle*)

Différents outils sont possibles:
– calames (roseaux taillés) à pointe carrée;
– plumes d'oiseau;
– pinceaux chinois;
– plumes métalliques ou en verre;
– stylos à plume, stylos-billes;
– divers crayons, pastels ou cires;
– tout instrument qui laisse des traces et peut servir pour écrire (bâtons, ébauchoirs, grosses pointes pour graver sur des plaques d'argile).
Vous trouverez certains objets dans des magasins privilégiant des produits naturels ou exotiques et dans les magasins spécialisés pour les arts plastiques. Il est possible également de tailler des roseaux soi-même.
Chacun de ces outils nécessite une ergonomie particulière, ce qui permet de centrer l'attention sur leur tenue et, en retour, d'élaborer une réflexion sur la nécessité d'une tenue adaptée plutôt que de tâtonner ou de subir les injonctions de « bien tenir » le crayon.

Présentez un outil par semaine en l'associant si possible à son contexte culturel (écrits tracés à la plume, plume d'oie, métallique, calame, etc.). Ainsi, le **porte-plume** est un outil intéressant, car il s'inscrit dans l'histoire de l'école. Achetez-en au moins 6 pour qu'un groupe puisse les utiliser. Procurez-vous également des encres de couleur (verte, bleue, rouge, violette ...). Présentez ensuite aux élèves un porte-plume et de l'encre, et engagez avec eux une discussion à propos de cet outil que certains connaissent sans doute. Montrez son utilisation en traçant quelques mots, explicitez la tenue, puis donnez à écrire un mot assez court sur une feuille unie, pas trop lisse (papier dessin) pour que la plume accroche.

À noter

Les activités avec la plume, des encres de couleur, un cahier et un buvard sont très valorisantes pour les élèves qui se sentent «grandis» et sont toujours très attentifs.

L'usage du buvard avec le porte-plume permet de fixer la position de la main libre qui se posera naturellement à la bonne place pour tenir le buvard.

L'ordinateur est un outil également important. Certains élèves le pratiquent sans doute par le biais de jeux et non pour un usage scriptural.

> *L'usage parallèle du clavier de l'ordinateur, dont les touches sont repérées par des capitales d'imprimerie, permet d'utiliser les lettres ainsi découvertes avant même de savoir les tracer. Il renforce de manière particulièrement heureuse l'apprentissage de l'écriture.* (Programmes de 2007)

L'intérêt pour cet outil est multiple: pour les correspondances entre les lettres capitales des touches et les minuscules à l'écran, pour l'organisation des lettres sur le clavier, pour le travail des doigts et des deux mains, pour la pression sur les touches et la manipulation de la souris... Il est utile aussi pour la confrontation à un espace graphique différent qui sollicite le va-et-vient visuel ente le clavier et l'écran, le respect des intervalles entre les mots, la mise en page, la qualité de la trace, les typographies différentes... Enfin, il apporte un aspect motivant.
Une imprimante est précieuse pour une confrontation concrète aux écrits de l'écran. Bien entendu, cet outil ne remplace pas l'écriture manuelle, mais il peut se révéler une ressource fondamentale pour certains élèves présentant de grandes difficultés motrices.
Toutes ces spécificités fournissent des informations sur la langue écrite du point de vue de son organisation: le respect de l'ordre des lettres est ici évident.

• Les supports

Il est intéressant de rattacher le support à l'outil qui y était associé à l'origine: calame et tablette d'argile, plume d'oiseaux et papier rugueux

(à défaut de parchemin) ; vous pouvez aussi intéresser les élèves à la fabrication du papier. Pensez aux cartons, papier tapisserie, transparents, etc. ainsi qu'à la variété des formats (ne pas rester sur le format A4).
Introduisez l'usage du papier réglé (réglage unique ou double), du papier quadrillé, et aussi des cahiers ou carnets.
L'usage des ardoises blanches associées aux feutres effaçables est à minorer.

Proposez également des exercices sur des **cahiers** ou des **carnets**. Le cahier quadrillé permet de tracer des lignes et des formes géométriques en suivant le quadrillage. C'est une première approche. Vous pouvez ensuite demander de tracer des lettres ou écrire des mots, le quadrillage servant de repère (une lettre par carré). C'est assez difficile pour les élèves de moyenne section.
Le cahier valorise les élèves qui y voient le symbole de l'école élémentaire, ce qui répond à leur désir de grandir. On constate en outre qu'ils développent alors une attention et des précautions inhabituelles.

• • Découvrir l'écriture cursive

Les élèves de moyenne section doivent avoir rencontré et observé des mots écrits en cursive en cours d'année, lors de dictées de textes à l'adulte par exemple.
Pour une approche plus construite de ce type de graphie, vous pouvez procéder comme pour la découverte de l'écriture script, soit de façon programmée, soit en saisissant une situation spontanée. Il existe des logiciels qui permettent d'écrire avec les trois polices (voir le document d'accompagnement des programmes : *Le Langage à l'école maternelle*, p. 78). Vous fabriquerez des étiquettes comportant alors le prénom avec ses trois graphies (présenter les nouvelles graphies au dos des étiquettes).
Le problème de l'écriture cursive réside dans le fait qu'on ne distingue pas clairement le début et la fin des lettres. En revanche, ce type d'écriture permet de bien distinguer les mots entre eux.
Il n'est pas nécessaire de proposer l'apprentissage de l'écriture cursive à ce niveau de classe : c'est une écriture difficile, surtout si on considère la longueur ou la difficulté des lettres de certains prénoms. Bien sûr, il y a toujours des élèves de cet âge qui peuvent aborder ce type d'écriture sans problème ; certains essaient même de copier leur prénom de façon autonome. S'il faut encourager ces essais et installer dans ce cas une séance d'apprentissage bien étayée, il est peu recommandé de les généraliser.
Les textes officiels réservent l'écriture cursive à la grande section, et insistent sur sa difficulté et sur les compétences nécessaires pour en aborder l'apprentissage, comme en témoigne la citation suivante :

> *L'écriture cursive nécessite une capacité d'observation des modèles particulièrement aiguisée puisque, dans ce cas, les lettres sont peu individualisées (un même tracé peut chevaucher deux lettres). Elle recourt à un geste graphique complexe fait d'enchaînements de tracés spécifiques selon un ordre prédéterminé et une orientation unique (de gauche à droite). Maîtriser les différents types de tracés, les enchaîner correctement pour former chaque lettre, suivre la trajectoire d'écriture en enchaînant les lettres entre elles constituent la première étape.* (Programmes 2007)

Cependant, des enseignants et certains auteurs[10] (voir Brigaudiot, 2000) recommandent de commencer l'apprentissage de l'écriture par la cursive plutôt que la capitale. Les arguments portent sur la segmentation du mot en lettres capitales qui serait néfaste à la découverte de la valeur sonore des lettres, car le traitement visuel est dominant. Le problème des lettres isolées est réel, mais un travail de verbalisation, comme nous le proposons, réduit cet obstacle et nous permet de plaider en la faveur d'un apprentissage repoussé de la cursive.

Phase 2: transférer

Objectifs
- Renforcer les aides pour les élèves en difficulté.
- Aborder d'autres types d'écriture pour les élèves les plus habiles et motivés.
- Faire le bilan des progrès.

Le transfert repose sur une généralisation bien installée (stabilité des procédures) et suppose de pouvoir réinvestir des acquis élaborés dans un domaine initial à d'autres domaines plus éloignés.

• • Continuer un guidage soutenu pour les élèves qui ont encore des difficultés

Si des élèves éprouvent encore des difficultés pour écrire en capitales, les séances étayées doivent se poursuivre. Vous aurez aussi à procéder différemment et à inventer des stratégies pédagogiques.

Par exemple, organisez des petits groupes (2 ou 3 élèves) pour un guidage plus personnalisé: guidez leur main en leur demandant de « sentir » votre mouvement, ou mieux, tracez vous-même, lentement, pendant que l'élève

10. PROG. INRP, coordonné par M. Brigaudiot, *Apprentissage progressif de l'écrit à l'école maternelle*, Paris, Hachette Éducation, 2000, p. 190.

pose sa main sur la vôtre et accompagne ainsi votre geste. En effet, c'est le mouvement qui est à acquérir plus que la forme qui n'en est que le résultat.
Avec les élèves qui sont crispés, faites partir le mouvement de l'épaule pour mieux le détailler et l'incorporer : tracer « dans l'air » (ne les laissez pas gesticuler, veillez au respect de la consigne) puis sur la table avec le doigt avant d'écrire sur la feuille.

Pensez à la respiration qui accompagne les tracés : inspirer (tracé montant), expirer (tracé descendant ou rotation). Expliquez-leur que le souffle est à la base du tracé des idéogrammes chinois.

Organisez des groupes hétérogènes pour que ces élèves observent les pratiques des plus habiles, qui peuvent devenir tuteurs (ceci avec précautions pour éviter les conflits ou les attitudes dominantes).
Ne vous obstinez pas avec certains au risque de les rebuter, plus de temps leur est souvent nécessaire, il vaut mieux leur proposer d'écrire à l'aide d'une machine à écrire ou d'un ordinateur pour garder un lien positif avec l'écrit, sans pour autant abandonner les essais.

• • Tester la copie de mots dans une autre graphie

Quelques indices de transfert peuvent être vérifiés auprès de certains élèves. Le tracé des figures géométriques complexes est, par exemple, une situation de transfert qui dévoile non seulement le niveau des habiletés motrices mais aussi celui du développement des processus perceptifs (savoir lire un modèle) et de l'organisation spatiale.
Certains élèves ont sans doute fait des tentatives pour copier des mots en script ou en cursive. Pour ceux-ci, vous pouvez proposer quelques séances de copie dirigées et fortement étayées, comme au début des apprentissages en capitales, avec prudence et parcimonie.
Cependant, vous devez toujours avoir à l'esprit qu'écrire en cursive n'est pas un objectif de moyenne section.

Essais spontanés, au mois de juin, d'une élève qui se référait au chevalet.

• • Bilan et perspectives

En fin de moyenne section, la plupart des élèves devraient être à l'aise avec l'écriture de leur prénom et de tout autre mot, en capitales. Ils devraient avoir vu ou écrit presque toutes les lettres de l'alphabet et connaître le nom des plus usuelles.

Reprenez les écrits (que vous aurez datés) depuis le début de l'année et, avec les élèves, établissez des constats de progrès. Il est important de montrer aux élèves qu'ils ont appris en faisant des efforts volontaires pour leur permettre d'élaborer leur rapport aux apprentissages.

Cette période est propice aux rituels qui marquent la fin d'une période et de début d'une autre. Un bilan s'accompagne toujours d'une mise en perspective vers le futur, ce qui permet de donner du sens aux apprentissages: organiser des échanges, sous forme de tutorat par exemple, avec les élèves de la classe des grands autour de projets communs d'écriture.

Grande section

L'élève qui arrive en grande section devrait déjà avoir appris à écrire quelques mots (au moins son prénom) en capitales d'imprimerie, parfois en script. Cependant, l'hétérogénéité est souvent grande dans ce domaine, compte tenu des nombreuses conditions liées à cet apprentissage (motrices, cognitives, linguistiques, choix pédagogiques, etc.).
Il faut proposer l'écriture cursive avec prudence et rigueur, en veillant à ce que les élèves qui déforment des lettres n'écrivent pas sans surveillance.

Pour cette section, trois grandes périodes sont présentées, qui concrétisent l'avancée de cet apprentissage : en premier lieu, la vérification des acquis ; puis l'apprentissage systématisé du tracé des lettres et de leurs liaisons, qui ne sera pas toujours accompli en fin d'année scolaire ; enfin, les entraînements. Ces périodes peuvent varier temporellement, se prolonger ou se réduire, selon divers facteurs, qu'ils soient scolaires (nature des acquis scolaires, projets pédagogiques), sociaux (pratiques familiales des savoirs langagiers) ou personnels (hétérogénéité des élèves, vitesse d'acquisition, etc.).

Compétences à atteindre en grande section

En fin d'école maternelle, être capable de :

- Écrire son prénom en capitales d'imprimerie et en lettres cursives ;

- Copier des mots en capitales d'imprimerie, en cursives avec ou sans l'aide de l'enseignant ;

- Copier une ligne de texte en écriture cursive en ayant une tenue correcte de l'instrument, en plaçant sa feuille dans l'axe du bras et en respectant le sens des tracés.

(Programmes 2007)

Il faudra conduire les activités d'apprentissage de l'écriture cursive selon le dispositif que nous avons défini précédemment (voir la partie I, « Choix d'une pédagogie », p. 17) et détaillé dans la partie consacrée à la moyenne section.

Si, pour l'écriture cursive, les règles de l'écrit découvertes avec l'écriture en capitales demeurent (trajectoire orientée gauche-droite, ordre des lettres, etc.) et devraient être assimilées à ce niveau de classe, en revanche, les conventions de l'écriture sont fondamentalement différentes: non seulement le ductus des lettres est à étudier avec rigueur, mais en plus les liaisons entre les lettres renforcent la difficulté.
Comme pour l'apprentissage de l'écriture en capitales, la verbalisation des critères est au centre du dispositif. Les différentes étapes de verbalisation sont moins détaillées qu'en moyenne section, car le dispositif pour la grande section s'attache plus particulièrement aux problèmes posés par les spécificités de la cursivité. Pour plus de précision sur la verbalisation des critères, référez-vous aux situations décrites dans le chapitre précédent. Le concept et sa mise en œuvre sont analogues pour tout type d'écriture dans toutes les sections.

Progressivité des activités d'apprentissage de l'écriture cursive

Les périodes sont données à titre indicatif.

	Période		
	De la rentrée aux vacances de Noël	**De janvier jusqu'aux vacances de printemps**	**Fin de l'année solaire**
Objectifs	- Réinitialiser le rapport au savoir « langue écrite ». - Vérifier et consolider les acquis. - Découvrir un aspect culturel du système alphabétique. - Étudier les lettres en script (éventuellement).	Systématiser l'apprentissage de l'écriture cursive.	S'exercer pour renforcer la cursivité, généraliser les acquis.

Activités	- Installer et organiser sa classe. - Renforcer la motricité et les processus cognitifs spécifiques. - Réguler les procédures. - Présenter l'histoire des lettres de l'alphabet. - Faire écrire en script.	- Choisir une stratégie. - Conduire les premières séances. - Approfondir le travail sur le tracé des lettres. - Aborder des problèmes spécifiques à la cursivité. - Associer les lettres de différentes graphies. - Mettre en œuvre l'écriture entre deux lignes. - Donner à l'écrit sa dimension historique.	- Installer les automatismes. - Proposer la copie de petites phrases. - Faire mémoriser la graphie du prénom. - Réduire les réglures. - Créer des situations motivantes. - Mettre en place un atelier de calligraphie.

ACTIVITÉS POUR LA PÉRIODE 1 : RÉINITIALISATION ET CONSOLIDATION DES ACQUIS

Objectifs :
- Réactiver le rapport à l'écrit.
- Renforcer les apprentissages antérieurs en écriture.
- Stabiliser et affiner l'écriture en capitales.

Réinitialiser le rapport au savoir «langue écrite»

Comme pour la moyenne section, il est important d'instaurer ou de réactiver le rapport symbolique à l'écrit par l'installation matérielle mais aussi par le contexte culturel et la ritualisation.

• • Installer le coin écriture

La fonction symbolique de ce lieu a déjà été décrite (voir p. 65).

L'installation requiert une diversité de matériaux et de supports :
– Regroupez tous les écrits qui sont découverts ou utilisés, en cours d'année : ne vous cantonnez pas aux seuls alphabets.

– Apportez les écrits d'autres cultures.
– Affichez des écrits produits en classe.
– Installez en cours d'année différents outils et supports, comme la plume et l'encre ou les cahiers, surtout s'ils n'ont pas été présentés en moyenne section (le stylo-plume associé aux cahiers est un bonne stratégie pour relancer les activités d'écriture).
– Diversifiez les supports : papier de divers formats et de textures variées (rugueux, lisse, cartonné, transparent, calque…), papier ligné, carnets ou cahiers, et, pourquoi pas, un agenda de classe.
– Pensez aux ordinateurs.

Choisissez des crayons de papier à mine grasse (2B est suffisant), pas trop fins, triangulaires si possible pour une prise plus adaptée. Vous introduirez le stylo-bille en cours d'année.

Concernant les outils, reportez-vous à la troisième partie (p. 140).

Vous pouvez envisager de mettre en fonction, plus tard dans l'année, une petite imprimerie ainsi qu'un atelier de calligraphie qui sera précieux si vous souhaitez enseigner l'écriture des initiales en capitales cursives.

À noter

Préparez toujours, en présence des élèves, les étiquettes des prénoms avec les trois graphies, en les accompagnant de commentaires (nom des lettres, fréquence dans le mot, ressemblances et différences, façon de les tracer, etc.).

Une variante aux étiquettes individuelles est possible : les chevalets. Pour en fabriquer, prenez une bande de papier Canson de 12 x 6 cm environ, pliez-la en deux dans le sens de la longueur. Sur une face, écrivez le prénom en capitales et en script, sur l'autre face en cursive.

Exemple de chevalet comportant les 3 types d'écriture.

Chaque élève prend son chevalet le matin. Il sert de modèle pour signer son travail.

• • Organiser la classe

Il n'est pas nécessaire de garder la même organisation spatiale toute l'année : en grande section, les élèves ont en général moins besoin de repères stables. Ils pourront écrire dans divers lieux lorsqu'ils auront une maîtrise suffisante de l'écriture cursive ; il ne faut pas banaliser prématurément cette activité. Pour les premiers apprentissages de la cursive, pour l'étude des mots, des lettres et des enchaînements, il vaut mieux garder le regroupement en ateliers, car cet apprentissage demande une attention soutenue. Si le mobilier le permet, vous pouvez aligner les tables individuelles face au tableau, notamment pour les modélisations et les copies dirigées. Cette dernière organisation permet une ritualisation accrue de l'activité d'écriture, qui est alors perçue comme une activité de « grands ». Le travail sur une table isolée est en outre une bonne amorce pour initier les futures situations d'apprentissage plus autonomes de l'école élémentaire.
Les tables doivent être débarassées de tout objet inutile.
Veillez dans la mesure du possible à la hauteur des tables et chaises et à leur emplacement par rapport aux sources lumineuses.

Vérifier et consolider les acquis

L'enseignant propose les activités relativement contraignantes de l'apprentissage de l'écriture à des enfants qui peuvent réussir, sinon il leur propose les activités qui continuent à les préparer.

(Document d'accompagnement des programmes : *Le Langage à l'école maternelle*)

Avant de commencer l'apprentissage de l'écriture en cursive, il est indispensable de vérifier les acquis dans plusieurs domaines. La grande section offre la dernière possibilité d'installer ou de consolider certaines compétences avant les apprentissages plus systématisés de l'école élémentaire. Il faut donc les renforcer, d'autant plus qu'elles peuvent être en partie gommées par les vacances d'été, surtout si elles n'ont pas été fermement installées.
Rappelez, avant chaque séance, l'attention à porter sur la tenue corporelle (position des jambes, du buste, des bras, de la tête), sur la tenue de l'outil et sur le respect des consignes.

• • Renforcer la motricité et les processus cognitifs spécifiques

L'agilité de la main et des doigts dépend de la motricité du corps dans sa totalité.

• Les habiletés motrices, le tonus musculaire

C'est la souplesse et la continuité du mouvement qui sont les objectifs de grande section car, pour écrire en cursive, le mouvement des doigts doit se désolidariser des mouvements du poignet et de l'avant-bras, et le poignet adopter une tenue en semi-flexion.
La régulation tonique commande l'activité scripturale : elle permet pression et souplesse.

Toutes les situations sollicitant l'exercice de la motricité doivent faire partie des pratiques quotidiennes en grande section. Cela concerne notamment le freinage et la dynamique du geste, une gestuelle adaptée aux outils et à la tâche (exercices graphiques, dessins, arts plastiques, manipulations diverses). Les exercices destinés à développer la motricité corporelle globale (les activités en éducation physique) sont également à pratiquer quotidiennement. Les habiletés requises pour l'écriture bénéficient de celles construites dans d'autres activités.

• Les tenues corporelles

Rectifiez, si nécessaire, la place de l'avant-bras sur la table qui détermine le mouvement de translation de l'écriture, la flexion de la main qui écrit et la place de la main libre qui doit se poser à plat sous la ligne d'écriture. Les cuisses doivent reposer à plat sur la chaise, le buste doit être légèrement penché ; il est normal à cet âge que le buste s'appuie sur le bord de la table (c'est une question de tonicité du tronc). Ceci s'atténuera avec l'âge et les exercices en motricité mais ne laissez pas les élèves se coucher sur leur feuille.
Vérifiez la distance des yeux par rapport à l'écrit (30 cm environ).

• La tenue des outils pour écrire

La qualité des tracés va souvent de pair avec la tonicité de la main (crispation ou au contraire relâchement musculaire), la tenue du crayon et une certaine tension psychique. Les mauvaises tenues induisent une fatigue musculaire qui peut s'avérer fâcheuse, compte tenu que le mouvement de rotation (tracé des lettres) est digital. Mais, s'il est légitime d'intervenir, il est souvent trop tard en grande section pour rectifier une tenue inadaptée. Les habitudes dans ce domaine se sont élaborées dès la petite

section. Même si la remédiation semble difficile, il faut essayer avec les élèves qui ont le plus de mal à écrire.
Le choix des outils est un moyen de régulation fonctionnel. Pour les élèves en difficulté, optez pour du papier à dessin qui accroche la trace et permet une gestuelle plus précise qu'avec le papier lisse.
Reportez-vous à troisième partie (p. 143) pour plus de détails sur cette question.

• Le niveau de développement du schéma corporel

La pratique de l'écriture est directement dépendante d'une bonne structuration du schéma corporel, car la connaissance et la maîtrise que le jeune enfant a de son corps lui servent à coordonner ses gestes, à s'orienter dans l'environnement scriptural et à se construire des repères.
Privilégier les activités corporelles dans un environnement spécifiquement construit est une aide pour accompagner et stimuler ce développement. Proposez également des dessins, des images, des photos de personnages ou d'animaux et faites-les observer. Décrivez les parties du corps, leur position, leur dynamique.

• La structuration spatiale et temporelle

En ce qui concerne l'écriture, les aspects temporels concernent surtout la capacité des élèves à freiner l'impulsivité motrice en suivant un rythme, ce qui développe l'attention volontaire. Le rythme intervient dans la vitesse de l'écriture, dans les changements de vitesse au cours de l'inscription d'un mot, d'une lettre et des enchaînements.
L'espace graphique doit être investi aussi bien du point de vue de l'occupation de la surface que de l'organisation des formes. Le graphisme décoratif et le tracé de rosaces peuvent aider au respect de cet espace, tout comme les exercices portant sur la reproduction de figures géométriques de plus en plus complexes.

• La latéralité, la préférence manuelle

En grande section, la préférence manuelle et la latéralité devraient être acquises, les élèves commencent à comprendre le renversement de l'image en miroir.
Restez malgré tout vigilant et observez les tenues de divers outils qui peuvent révéler une latéralité encore incertaine. La latéralité requise pour l'écriture peut être différente de la latéralité usuelle, qui, elle, peut ne pas poser de problème.

• La mémoire

L'acte de mémorisation est sollicité pour retenir non seulement le nom des lettres, mais aussi leur forme. La mémoire est également importante

pour la rapidité de l'écriture des mots ou phrases, pour éviter d'incessants va-et-vient visuels entre le modèle et la copie, ce qui ralentit considérablement l'écriture.
C'est la mémoire volontaire qui est concernée. En conséquence, donnez des exercices pour la développer, tels que :
– les jeux de Kim ;
– les poésies, les listes de mots à mémoriser.
Multipliez le nombre de rappels, diversifiez les présentations et les contextes.
Par ailleurs, la subvocalisation (ou autorépétition à voix basse) est utile pour aider à mémoriser.

Ces activités permettent en outre le développement de l'attention volontaire : mobiliser les ressources attentionnelles, rester fixé activement sur la tâche, se concentrer, être en tension mentale. La mémoire volontaire va découler de l'attention volontaire : elle suggère de pouvoir restituer fidèlement ce qui a été appris.
Le caractère volontaire de l'attention et de la mémoire met en évidence le fait qu'il ne suffit pas de voir ou d'entendre pour mémoriser, il faut faire un effort et avoir pour objectif l'acte même de mémorisation. Regarder un documentaire à la télévision nous donne des informations, mais notre attitude est le plus souvent passive. Nous n'avons pas toujours une attention accrue et nous n'aurons appris que si nous avons fait un effort pour mémoriser et restituer plus tard.

La mémoire musculaire du mouvement, pour sa part, se consolide par l'entraînement.

• • Réguler les procédures

Vérifiez le niveau de performance des écrits en capitales : les lettres doivent être formées sans approximation et proportionnées, les élèves doivent pouvoir écrire de mémoire leur prénom.
Reprenez cet apprentissage pour le réguler avant l'entrée dans la cursive. L'espacement entre les lettres doit être réduit et assez régulier, l'horizontalité et la trajectoire gauche droite du mot respectées. Mettez systématiquement en place des séances quotidiennes de copie de mots différents en capitales (prénoms, date, autres mots). Tracez le modèle sous les yeux des élèves et directement sur la feuille pour les plus maladroits, ou bien donnez un modèle mobile (étiquette), ou encore proposez une copie à partir d'albums (selon le niveau des élèves). Il s'agit de décentrer peu à peu le modèle, ce qui nécessite un effort de va-et-vient visuel, et de mémorisation de la forme de la lettre et de sa place dans le mot.

Mettez en place des groupes différenciés. Ne laissez pas les élèves en difficulté sans accompagnement au risque de voir les écarts s'accentuer et les retards devenir irréductibles.

Pour ceux-ci, agissez selon la technique présentée pour la moyenne section :

– Privilégiez la dictée à l'adulte.

– Donnez des copies autonomes pour les autres.

– Aidez les élèves timorés (tenez leur main ou faites poser leur main sur la vôtre en train d'écrire pour qu'ils « sentent » la dynamique du mouvement).

– Ajoutez des lignes pour les plus habiles si cela n'a pas été proposé en moyenne section (progressivement, entre 2 cm et 1 cm d'écart) pour canaliser leurs écrits, les régulariser, etc.

– N'introduisez pas des lignes avec la capitale pour les élèves en grande difficulté, ils doivent d'abord affermir leurs tracés et prendre de l'assurance.

Présenter l'histoire des lettres de l'alphabet

Faites découvrir aux élèves l'histoire des lettres de l'alphabet, sans doute plus accessible en premier lieu que l'histoire de l'écriture, car plus concrète. Cette situation s'avère très fructueuse pour relancer la motivation des élèves et reconsidérer les lettres connues et utilisées.

Commencez par préparer une fiche présentant l'alphabet protosinaïtique en vous inspirant de l'ouvrage de Ouaknin (2002) par exemple, ou en cherchant sur Internet.

Puis vous pouvez choisir, pour quelques lettres seulement, le dessin d'origine et en faire des photocopies pour les élèves. Demandez-leur de décrire ce qu'ils voient puis de deviner le mot ainsi signifié et enfin la lettre qui en est issue (attention, cette tâche est difficile). Vous attirez ainsi leur attention sur la différenciation ou la filiation entre le son des lettres et leur nom (chaque pictogramme symbolise le tout premier son du mot représenté. Ainsi le nom du bœuf *aleph*, a donné le son [a], la lettre A et son tracé en forme de tête de taureau, pointe en bas à l'origine ; la porte, *daleth*, a donné la lettre D, etc.).

Présentez ensuite l'alphabet dans sa totalité ainsi que l'évolution du tracé de certaines lettres ; choisissez les plus représentatives (en particulier le A, le B, le D, le H...). Comme les autres voyelles ont été introduites ultérieurement par les Grecs, cette présentation vous permet d'aborder, avec réserve, la distinction entre voyelles et consonnes.

Vous pouvez essayer de transcrire quelques mots à l'aide de cet alphabet (voir l'exemple présenté sur le site de la BNF; adresse en annexe, p. 174). Présentez également divers alphabets issus d'autres pays (sur le site de « lexilogos », par exemple; voir en annexe, p. 174).

Vous trouverez des ouvrages et des sites Internet qui vous apporteront des matériaux intéressants (voir les ressources documentaires en annexe, p. 172).

Ce travail sur les lettres permet de revisiter les lettres de notre alphabet. On peut imaginer des activités ludiques autour du tracé des lettres. Il ne s'agit pas de proposer des techniques pour les mémoriser: en grande section, elles devraient être connues. L'objectif est d'appréhender leur originalité et la permanence de leur forme. Les élèves ne peuvent jouer à détourner les lettres qu'après les avoir apprises et maîtrisées.

Pensez à proposer des extraits de textes d'auteurs qui racontent les formes des lettres, tels que: *Voyelles* de Rimbaud (1883) ou *En voyage, Alpes et Pyrénées,* de V. Hugo (1837) (voir en annexe, p. 170). Quelques lignes ou une strophe suffisent.

Écrire en script

Vous pouvez proposer durant quelques séances l'écriture en script. Mettez en place un atelier et suivez le déroulement des séances comme pour la capitale: essais, comparaisons, description, dictée à l'adulte, régulations.

Pourquoi écrire en script? Les programmes déconseillent, sans l'interdire, l'apprentissage de ce type d'écriture:

> *Si un travail suffisant est effectué sur la capitale d'imprimerie, il ne paraît pas nécessaire d'imposer aux élèves l'apprentissage du tracé des minuscules imprimées (ou de leur substitut manuscrit, l'écriture dite « script »). Ces caractères ne permettent pas à l'enfant de signaler facilement les frontières de mots. Ils doivent être réservés à la lecture.*
>
> (Programmes de 2007.)

Cependant, dans certaines écoles, les enseignants donnent dès la petite section l'étiquette du prénom écrit en script et abordent plus tard l'apprentissage de cette écriture pour instaurer et consolider le rapport aux caractères spécifiques de la lecture.

D'autres disent proposer en grande section l'écriture script pendant deux mois environ, et ce, d'une part, pour les ressemblances qu'offrent certaines lettres avec la cursive, et, d'autre part, pour permettre aux élèves de mémoriser la forme des lettres à reconnaître pour la lecture.

Sachant que des recherches[11] montrent le rôle de l'écriture manuelle pour mémoriser la forme des lettres, cet apprentissage semble ne pas être à exclure systématiquement. D'ailleurs, le document d'accompagnement des programmes spécifie que :

> *C'est dans les activités d'écriture, non de lecture, que les enfants parviennent à vraiment « voir » les lettres qui distinguent les mots entre eux. À cet égard, la reconnaissance globale de mots écrits sur des étiquettes est un exercice insuffisant.*
> (Document d'accompagnement des programmes : *Le Langage à l'école maternelle*)

Cette recommandation peut s'appliquer à la reconnaissance des mots en script.

Il ne faut pas laisser les élèves persister dans ce type d'écrit (prénom en script, illisible).

Reste posé le problème des confusions entre certaines lettres : P et Q, B et D, confusions qui se situent au niveau de la reconnaissance de la forme. Un travail d'analyse en atelier, et surtout de dictée à l'adulte, comme nous le proposons en p. 28, est une aide précieuse pour établir la discrimination visuelle de la structure et de l'organisation des lettres.

À noter

Une poignée d'élèves plus avancés peuvent sans doute commencer l'apprentissage de la cursive dès le mois de novembre ou de décembre. Vous procéderez alors comme décrit plus loin (p. 111), en petits groupes et sous votre contrôle.

---

11. Le document d'accompagnement des programmes relatif au langage à l'école maternelle cite des recherches qui mettent en relief cette relation entre la reconnaissance des lettres et leur écriture. Voir à ce propos : M. Longcamp, J.-L Velay, M.T. Zerbato-Poudou, « Le Stylo et le clavier. Notre mode d'écriture influence-t-il notre perception de l'écrit ? » in *Écriture, approches en sciences cognitive,* Publications de l'Université de Provence, 2004.

Activités pour la période 2 : apprentissage de l'écriture cursive

Objectifs :

- Commencer l'apprentissage systématique de l'écriture cursive.
- Discriminer la forme des lettres.
- Travailler sur les liaisons.

L'apprentissage de l'écriture cursive est de loin celui qui se révèle le plus difficile. Il débute en maternelle et doit se poursuivre à l'école élémentaire avec autant d'attention.
Il faut donc conduire cet apprentissage avec rigueur et prudence : ne pas commencer précocement, sans pour autant négliger les élèves qui sont prêts, progresser avec régularité, réitérer l'étude des lettres et des liaisons dans différents contextes.
Instaurez des moments d'étude aussi bien en groupe restreint que collectivement. Différenciez la pédagogie, sachant en outre que le processus d'apprentissage n'est pas homogène pour un élève donné.

Les habiletés motrices pour l'écriture cursive reposent sur deux mouvements qui doivent être maîtrisés simultanément : la **translation** (la main glisse de gauche à droite) et la **rotation** (tracer la lettre).
Ces coordinations sont complexes : l'élève doit à la fois écrire de gauche à droite en maintenant l'horizontalité, tout en traçant une lettre, dont il faut respecter la forme, le sens de rotation, la hauteur, son attache avec la lettre précédente et la suivante ; à cela s'ajoutent la maîtrise de l'outil scripteur, qui n'est pas toujours de bonne qualité, et le contrôle de la tenue corporelle. Ces exigences nécessitent, outre des habiletés gestuelles, de l'attention, de l'anticipation... C'est pourquoi la cursivité demeure une habileté acquise assez tardivement, les élèves avançant pas à pas, juxtaposant les lettres au lieu de les lier.

Pour aider à l'acquisition de ces gestes spécifiques, beaucoup d'enseignants font mimer le tracé des lettres dans le vide, « en l'air ». Si cette technique offre quelques avantages, elle permet de développer le geste avec amplitude pour bien en comprendre et en détailler l'exécution, elle n'est pertinente que si l'enseignant est suffisamment vigilant sur la gestuelle des élèves qui ont tendance à agiter leurs bras plutôt qu'à suivre une trajectoire précise. Il faut procéder avec peu d'élèves pour pouvoir les observer de près et diriger leurs gestes dans l'espoir d'un résultat.

Cependant, il ne faut pas perdre de vue que cette gestuelle n'est pas du tout celle de l'écriture sur une feuille de papier : pour la gestuelle mimée, le mouvement part de l'épaule; pour l'écriture sur papier, le mouvement concerne principalement les phalanges et le poignet.
Le même constat se pose lors de l'écriture au tableau, où les mouvements du bras sont différents.

Choisir une stratégie

> *L'intérêt d'une progression doit être bien compris : elle permet que l'élève aborde les difficultés de manière raisonnée et raisonnable et qu'il fixe de manière structurée des gestes d'écriture communs à une même famille de lettres. De mauvais automatismes sont très difficiles à corriger; c'est donc bien la qualité qu'il faut, dès le début, privilégier et non la quantité.*
>
> (Document d'accompagnement des programmes : *Le Langage à l'école maternelle*)

Le document d'accompagnement préconise de commencer par l'apprentissage de plusieurs lettres isolées, regroupées par similitude de forme. Cette approche est sécurisante, bien balisée, et assez fonctionnelle car la forme des lettres et leur ductus sont ainsi solidement fixés.
Cependant, on peut émettre des réserves, d'une part parce que les lettres sont étudiées hors contexte – le sens se perd –, l'entraînement peut se révéler fastidieux (écrire plusieurs fois la lettre), et, d'autre part, parce que les liaisons entre les lettres sont négligées. C'est aussi faire l'impasse sur les acquis et les connaissances des élèves qui ont déjà écrit des mots en capitales.
En commençant par apprendre le tracé des lettres avant les mots, un problème va se poser lorsqu'il faudra réaliser les enchaînements entre les lettres. Dans cette situation, les élèves tracent une première lettre, s'arrêtent, ajoutent parfois un trait de liaison (qui en réalité n'a pas d'existence en soi), puis tracent la deuxième lettre qui « s'accroche » à la première, etc. Le tout montre des gestes discontinus et des lettres souvent déformées, comme en témoigne la photo ci-dessous.

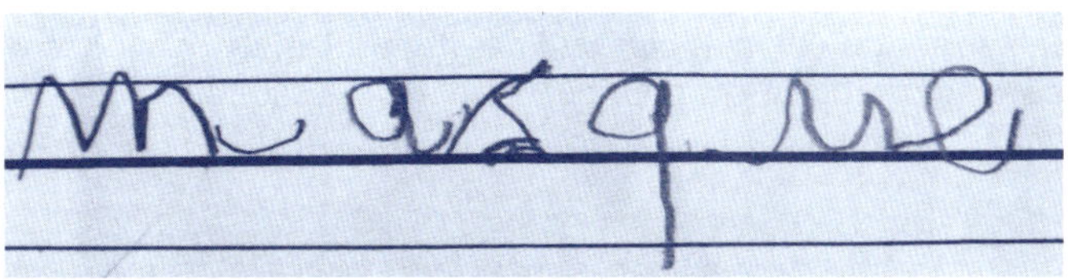

Conséquence d'une étude lettre à lettre.

Deux objectifs entrent ici en concurrence :
– Soit on se focalise sur la forme des lettres ; or, apprendre la forme n'est pas l'obstacle le plus grand dans le cas de l'écriture cursive.
– Soit on prend en compte la fluidité du geste nécessaire à l'écriture cursive, et c'est bien la notion de rapidité qui est liée au choix de la cursive, comme le soulignent les programmes.

Il est tout à fait possible de résoudre ce dilemme :
– Commencez par proposer la copie d'un mot, suffisamment signifiant.
– Engagez immédiatement l'étude des lettres de ce mot avec leurs liaisons.
– Élaborez des familles de lettres pour un travail approfondi.

À noter

Il vaut mieux prendre en compte l'éducation gestuelle plutôt que se cantonner à l'étude de la forme.

Quel mot choisir ?

Comme pour l'écriture en capitales, l'écriture cursive du prénom s'avère difficile pour un grand nombre d'élèves à cause de sa longueur ou de la complexité de certaines lettres.
Choisissez de préférence un mot relativement simple ou délibérément élaboré en vue de cet apprentissage. Il doit être relié à l'environnement familier des élèves : nom de la marionnette, de la mascotte, du héros d'un album… Il doit être court et comporter au moins une lettre facile à tracer (par exemple, les lettres O, I ou C, cette dernière demeurant intéressante pour initier le tracé des lettres rondes).
L'étude des prénoms se fera le plus tôt possible par la suite.

Conduire les premières séances

Objectif

Mettre les élèves en situation d'apprendre la cursivité : travailler la forme des lettres, leur ductus et leurs enchaînements.

Matériel

Des crayons de papier gras (2B) puis plus tard des stylos-billes, des feuilles sans lignage et placées horizontalement pour bénéficier d'un espace plus grand (si possible des feuilles à dessin).

Organisation

Composez un groupe relativement homogène pour la première séance, afin d'initier la pratique de la verbalisation et d'en vérifier les effets ; puis des groupes hétérogènes pour entraîner les élèves les moins habiles. Revenez aux groupes homogènes pour les régulations ciblées.

Durée

Plusieurs semaines sont nécessaires pour cet apprentissage.

La première séance peut se scinder en deux étapes d'environ 20 min chacune: copie du mot et analyse d'une lettre, dictée à l'adulte et régulations, soit plus tard dans la journée (ce qui est fonctionnel), soit le lendemain.

> *Le modèle d'écriture [...] n'est pas productif si son tracé n'a pas été préalablement fixé par oral. Un modèle silencieux se dénature très vite. Les pointillés sont à éviter.*
>
> (Document d'accompagnement des programmes: *Le Langage à l'école maternelle*)

Pour l'écriture cursive, il est important de travailler conjointement les critères formels et les critères procéduraux qui sont indissociables.

• Étape 1: Analyse du mot et des lettres avant copie puis évaluation

– Vous **écrivez** le mot sur chaque feuille, les élèves le **copient**, puis vous **observez** leurs pratiques.

Tracez le mot choisi sous les yeux des élèves, d'abord en grand sur une feuille, sous les yeux de tous, puis sur les feuilles individuelles, en explicitant votre activité, en donnant le nom des lettres, en soulignant les arrêts, les levés de crayon, les liaisons...

Observez les élèves en train d'effectuer la copie, notez leurs procédures pour écrire mais aussi la tenue du crayon, la qualité de la trace, la posture du corps et l'attitude face à cette tâche (refus, précipitation, lenteur, etc.).

N'intervenez pas en cours d'écriture; rectifiez au besoin la position du corps, la tenue de l'outil, sans trop insister.

À savoir

Voici les défauts ou les erreurs le plus souvent relevés: écriture lettre après lettre, sans cursivité, rotations dans le sens inverse, lettres morcelées, lettres incomplètes, déformées, accentuation de certains détails, proportions non respectées.

– Puis les résultats sont **évalués** collectivement.

L'activité d'écriture terminée, engagez un travail de comparaison entre le modèle et les productions en vous appuyant sur les critères, comme pour l'écriture en capitales, mais en associant simultanément les critères de réalisation aux critères de réussite (voir p. 25). L'étude des lettres cursives repose nécessairement sur ces deux aspects conjoints: la forme et le ductus.

Faites observer la forme globale du mot, notamment les différentes hauteurs des lettres.

Veillez au respect des autres critères: la complétude du mot, son horizontalité et l'ordre des lettres sont à examiner bien entendu, mais ils devraient déjà être acquis. L'attention portera presque exclusivement sur la forme des lettres et leurs liaisons.
Faites évoquer les difficultés rencontrées. Et soulignez les réussites d'écriture de quelques lettres.

– Commencez ensuite l'**analyse** approfondie des lettres qui seront étudiées du point de vue de leur forme mais aussi du point de vue de leur ductus et de leurs liaisons.
Choisissez une lettre qui a été le plus souvent réussie: cela permet de travailler plus facilement la gestuelle. Nommez-la.
Demandez aux élèves de la décrire: c'est un rond, une boucle, il y a des « ponts », etc.
Invitez un élève, qui a réussi ou presque son tracé, à l'écrire sous les yeux de tous. Prenez en charge vous-même la verbalisation si l'élève a du mal à expliciter sa procédure: soulignez la forme de la lettre exécutée mais aussi le mouvement de la main pour la tracer. Énoncez immédiatement après la procédure conforme à respecter.
Demandez à un autre élève de venir exécuter lui aussi cette lettre selon la convention; faites suivre le mouvement par les autres élèves sur la table avec le doigt.
Réécrivez-la dans le contexte du mot pour souligner les liaisons.
N'hésitez pas à montrer un contre-exemple, soit en demandant à un élève qui, lui, a utilisé une autre procédure de venir à son tour, soit en traçant vous-même d'une autre façon. Soulignez les différences et ressemblances entre les deux stratégies. L'objectif est de montrer que si le résultat est le même, il y a parfois plusieurs façons de procéder, mais **vous signalerez toujours ensuite la bonne procédure à respecter**.

À noter

Selon l'attention des élèves, le temps dont vous disposez, ou la longueur du mot, vous pouvez étudier de la sorte toutes les lettres du mot ou vous limiter à une seule pour la première fois.

• Étape 2: Dictée à l'adulte, régulation et synthèse

– La **dictée à l'adulte** (voir p. 28) permet la consolidation et l'appropriation de la convention de l'écriture autrement que par injonction ou imitation. Suivez la procédure décrite ci-après.
Réécrivez le mot devant les élèves sur une grande feuille ou sur un tableau (dans ce cas, placez les élèves face tableau).

Isolez la lettre soumise à la verbalisation, par exemple à l'aide d'une fenêtre découpée dans un carton, et donnez son nom.
Faites décrire la forme de la lettre avant la verbalisation de l'action. Demandez aux élèves de vous dicter la procédure pour tracer : la position de la main au départ, la direction du mouvement, les interruptions et les levés de main.
Réécrivez le mot en soulignant vous-même les liaisons de cette lettre avec les autres.
Institutionnalisez le ductus en fin de travail.

À noter

Pour certaines lettres, la verbalisation s'avère assez complexe (pour la lettre F, par exemple). Ne recherchez pas alors la perfection du discours, mais accompagnez simplement la gestuelle de descriptions appropriées et fonctionnelles.

– Procédez à la **régulation** en faisant réécrire la lettre ou le mot.
Demandez aux élèves de tracer à leur tour la lettre sur leur feuille.
Incitez-les, avant de commencer, à « penser dans la tête le chemin que va prendre la lettre ». Faites tracer la lettre avec le doigt sur la table avant de commencer son écriture sur la feuille. Faites exécuter deux ou trois essais, pas plus. Il n'est pas fructueux de faire écrire des suites de lettres, elles sont toujours déformées en fin de ligne.

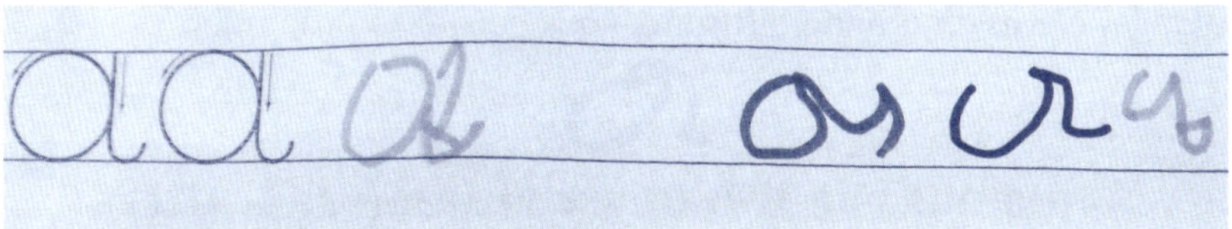

Les dernières lettres sont fréquemment mal écrites ; remarquez en outre la difficulté à écrire entre deux lignes.

La réécriture immédiate est nécessaire pour que la régulation s'amorce, ce qui ne veut pas dire que les règles seront définitivement acquises et que les tracés seront toujours réussis. Par la suite, il faudra retravailler fréquemment la forme des lettres et leurs procédures de réalisation. Il est nécessaire de rester longtemps sur le même mot pour que les élèves en maîtrisent le tracé.

– Élaborez la **synthèse** en instituant les **conventions** et la mise en place du **cahier de mémoire**.
Énoncez la règle d'écriture de la lettre de façon systématique et magistrale à la fin de chaque séance ; faites-la répéter aux élèves.

Réitérez devant le groupe-classe, en fin de semaine par exemple. Reprenez en grand groupe la dictée à l'adulte de l'une ou l'autre lettre. Cette présentation collective renforce le processus de mémorisation.
Faites trouver les correspondances dans les autres graphies et mettez en place le cahier de mémoire de l'écriture des lettres: tracez la lettre cursive, associez les lettres correspondantes en capitales et en script et écrivez des commentaires.
Inscrivez au cours des séances toutes les lettres avec leurs règles dans ce cahier (ou dans un fichier); il sera la mémoire des conventions à respecter. Il peut y avoir un cahier collectif mais aussi des cahiers individuels, qui seront différents d'un abécédaire par leur organisation, par leur usage et par leurs fonctions.

Pour consolider visuellement les règles d'écriture, on a souvent tendance à tracer des flèches à côté des lettres qui signalent ainsi la direction à suivre. Mais le rajout de symboles peut être porteur de confusion, car nombre d'élèves écrivent ensuite la lettre accompagnée des flèches, preuve qu'ils pensent qu'elles font partie intégrante de la lettre. Ainsi, si vous tenez à mettre des flèches, il faudra les abandonner le plus rapidement possible: les élèves ont à construire des repères cognitifs et kinesthésiques et non à suivre passivement un guidage trop balisé. Cependant, si cette technique aide les élèves en grande difficulté, vous pouvez la prolonger.

Approfondir le travail sur le tracé des lettres

Objectif

Conduire conjointement d'autres activités pour aider les élèves à s'approprier la cursivité.

Durée

Ce travail d'élaboration de familles de lettres peut se faire parallèlement à l'examen des lettres du premier mot, puis des lettres des prénoms. Il durera alors plusieurs semaines.

Le travail sur les enchaînements est à faire jusqu'à la fin de la scolarité en maternelle (et au-delà), peu d'élèves en maîtrisant les techniques en fin de cycle 1.

• • Composer des familles de lettres

Il est conseillé d'analyser toutes les lettres du premier mot et, parallèlement dans les jours qui suivent, de faire rechercher les lettres qui leur ressemblent. C'est une activité de catégorisation qui conduit à repérer l'identique malgré les différences et à renforcer la discrimination.
La présence d'un alphabet en cursive s'avère ici indispensable comme référent.
Il est cependant déconseillé de faire rechercher les familles de toutes ces lettres en continu au risque de lasser les élèves. Lors de l'écriture des prénoms et d'autres mots, de nombreuses lettres seront examinées au cours des mois d'apprentissage.

> *Le parti pris est de regrouper les lettres selon leur similitude graphique et surtout pas dans l'ordre alphabétique (qui, lui, sera fixé avec des comptines).*
>
> (Document d'accompagnement des programmes: *Le Langage à l'école maternelle*)

Vous pouvez faire noter les familles de lettres sur un carnet ou un fichier. Certaines peuvent se trouver à deux endroits différents (par exemple, le G peut se ranger avec les ronds et/ou les boucles basses).
À titre d'exemple, voici quelques familles dont vous pouvez tout à fait modifier l'organisation:
– les rondes: A, C, D, G, O, Q;
– les «coupes»: I, T, U, V, W;
– les boucles hautes: B, H, K, L et éventuellement le F;
– les petites boucles: E, É, È, Ê, Ë;
– les boucles basses: G, J, Y, Z et éventuellement le F dont la boucle est inversive;
– les ponts: M, N;
– les formes complexes: X, R, S;
– les lettres comportant un trait vertical ou hampe : D, P, Q, T.

Vous pouvez également présenter ce type de tâche:
– Placez quelques lettres dans des colonnes selon leur famille (choisissez les familles les plus marquantes).
– Demandez aux élèves de trouver pourquoi vous avez procédé à ce regroupement.
– Lorsqu'ils ont identifié les critères de regroupement, les différences entre colonnes, présentez les autres lettres en demandant où les situer. Il faudra parfois créer une autre colonne.

– Introduisez des « intrus » (des lettres qui n'ont pas leur place dans les premières familles présentées).
Veillez à ce que les choix soient toujours explicités.

• • Définir les frontières entre les lettres

La question se pose lors de l'écriture de lettres isolées: **Où commencent et où finissent les lettres** ?
Il est intéressant de vérifier auprès des élèves comment ils situent les frontières entre les lettres dans un mot:
– Écrivez leur prénom en cursive au crayon.
– Demandez-leur de repasser sur les lettres qu'ils connaissent avec des feutres de différentes couleurs[12].
– Procédez aux élucidations nécessaires.
On remarque que les élèves identifient parfois les liaisons comme des lettres particulières, par exemple des « petits U », preuve de la nécessité de ce travail d'analyse.
La définition des frontières entre les lettres ne devrait pas se poser: l'écriture cursive, réalisée selon un geste continu, nécessite d'effectuer les liaisons sans distinction; les liens sont à la fois la fin de la première lettre et le début de l'autre. Une lettre isolée n'a d'autre identité que sa forme de base.
Cette question des frontières renvoie aux difficultés des enchaînements et au problème du tracé des traits « d'attaque » en début de mot: pour y remédier, il est donc primordial de s'attarder sur les liaisons et les traits d'attaque.

La question de la frontière entre les lettres pose problème au moment des liaisons: ici, entre le A et le R.

12. Ainsi sollicité, un élève a repassé sur la lettre P en ignorant le crochet et en déclarant qu'il avait reconnu le chiffre « un » !

• • Travailler les liaisons

Pour l'écriture cursive, ce sont les enchaînements qui sont problématiques puisque ce sont eux qui vont déterminer la cursivité, contraignant l'élève à la continuité du geste et à des ruptures qui ne correspondent pas nécessairement à la forme globale d'une lettre.

Il faudrait donc écrire les lettres avec fluidité, sans arrêt en fin de lettre ; mais les levés de main se font par nécessité, pour tracer les lettres rondes par exemple. Ainsi, pour écrire le mot « balle », l'élève doit seulement lever la main après le B ; le reste se trace en continu.

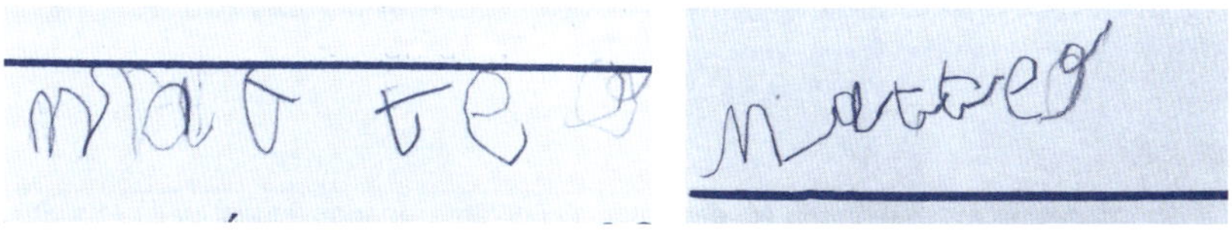

Mattéo a appris selon la méthode centrée sur la forme des lettres ; par la suite, il compose son prénom en reliant les lettres par de petits traits.

Voici des exemples de situations pour travailler les enchaînements :

– Choisissez un mot assez court pour travailler les ligatures des lettres, ou un mot déjà rencontré.

– Verbalisez le mouvement qui permet les liaisons : « un pont, deux ponts, trois ponts, je remonte et tourne pour la boucle », etc.

– Verbalisez les levés de crayon.

Parallèlement :

– Proposez l'écriture de suites de lettres, deux puis trois, pour étudier les enchaînements. Exemples : ME ME ME ; UN UN UN ; etc.

– Proposez plusieurs fois l'écriture d'une même lettre suivie ou précédée de lettres différentes : MA, AM ; AI, AU, AN, etc. Ce sera moins fastidieux.

Pour chaque lettre, il est important de solliciter son écriture dans divers mots, afin de tester les différents types de liaison.

Les liaisons entre les lettres ne sont pas identiques : parfois elles sont montantes, comme OL, OT ou OS ; parfois elles sont horizontales, comme ON, OU, OI.

Les enchaînements les plus complexes concernent les lettres BR et VR, et ceux qui se font avec la lettre E comme BE ou VE. Il faudra les examiner plus tardivement que les autres.

• • Une technique : la représentation mentale

On peut aussi avoir recours à un processus d'anticipation et de représentation mentale du mouvement.
Pour cela, tracez sous les yeux des élèves les lettres avec leur liaison (deux lettres seulement pour débuter). Décrivez en même temps votre procédure.
Demandez aux élèves d'écrire à leur tour, mais avant de commencer, de fermer les yeux et de « penser dans la tête » le chemin que va prendre la première lettre et sans arrêt le chemin de la deuxième.

Après deux ou trois essais, la liaison sera réussie mais pas toujours définitivement.

À savoir

L'accompagnement verbal du mouvement aide à concrétiser le mouvement de la cursivité.
L'entraînement est le seul procédé pour exercer cette compétence et l'automatiser.

Aborder des problèmes spécifiques à la cursivité

L'écriture cursive présente des difficultés mais aussi des spécificités qui, tout en étant inscrites dans les pratiques habituelles et dans la mémoire collective, n'ont pas toujours une légitimité didactique. Il faut que l'équipe pédagogique élabore des choix pour harmoniser les façons de faire.

• • Les lettres avec « ponts »

Dans le cas des lettres M et N, la question la plus fréquente porte sur la technique du tracé : faut-il les écrire en juxtaposant les trois jambages fréquemment nommés « cannes » ou « ponts » – ce qui implique un tracé par jets successifs –, ou faut-il plutôt les tracer sans lever la main, selon un geste continu ?
Le **tracé sous forme de « cannes » accolées,** parfois tracées de différentes couleurs, offre l'avantage de clarifier la forme, de bien identifier les fameux « ponts » et d'éviter des déformations. Mais cette pratique ralentit l'écriture et ne correspond pas à l'exigence de cursivité.
Le **tracé en continu** (en remontant chaque fois sur le tracé du jambage précédent) est plus légitime, mais favorise la déformation de la lettre et l'étirement des « ponts » qui deviennent des traits ondulés. C'est cependant vers cette pratique qu'il faut tendre.
Le travail de verbalisation et de dictée à l'adulte est une façon d'identifier et de stabiliser la forme tout en respectant la gestuelle adaptée.

La même question se posera pour d'autres lettres où il est nécessaire de repasser sur un tracé pour conserver la continuité du geste : c'est le cas de la lettre T, qui est souvent mal tracée mais aussi du U.
On peut sans doute aborder l'analyse de la lettre en montrant la procédure des « cannes » accolées pour bien mémoriser les diverses composantes de la lettre, puis passer à l'écriture sans interruption. Cette démarche semble assez efficace, mais la plus grande vigilance s'impose.

À noter

Proposez plutôt aux élèves l'analyse des deux techniques : faites tracer les lettres des deux façons. Soulignez les défauts ou les dérives dans les deux cas, puis indiquez la procédure qui permet le tracé en continu.

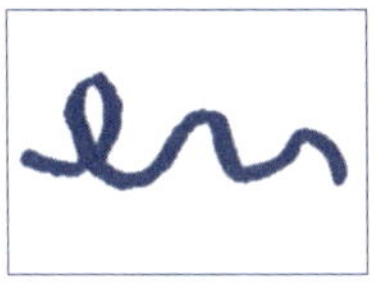

Les « ponts » s'étirent.

Il est encore difficile de repasser dessus.

Le deuxième pont est accolé : la lettre n'est pas déformée.

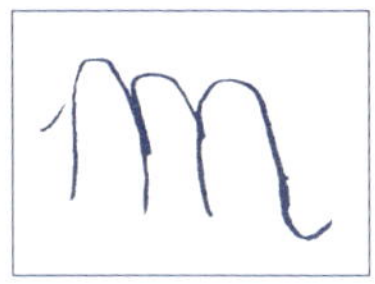

Le pont du milieu n'est pas complet ; il repose sur les deux autres, il est surajouté.

• • Le trait d'attaque

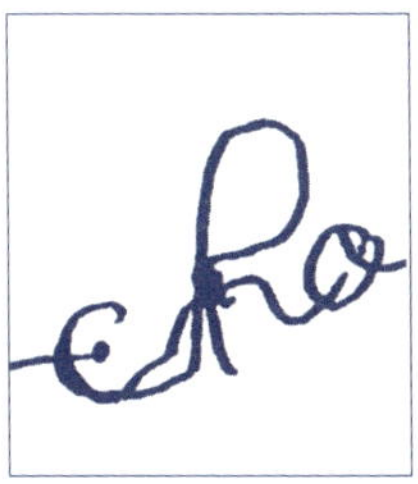

La lettre isolée devrait s'écrire sans trait d'attaque avant le corps de la lettre, puisqu'il est le signe des liaisons qui sont alors inexistantes ; il ne fait pas partie intégrante de la forme de la lettre. On ajoute ainsi une difficulté, puisque les élèves doivent faire la jonction entre le trait d'attaque et le corps de la lettre.

Son usage est issu de l'héritage de l'écriture à la plume et à l'encre : ce trait servait à tester la charge en encre de la plume, ce qui permettait de continuer le tracé de la lettre ou de recharger en encre. Sa fonction n'est plus utile avec les crayons, les feutres ou les stylos-billes. Le fait de le tracer n'est pas en soi une grande erreur, simplement il doit rester discret. Il faut cependant être attentif à d'éventuelles déformations de l'écriture (les élèves ont tendance à le rajouter aux liaisons, comme nous l'avons déjà noté).

• • Les boucles dans les lettres

Pour faciliter les enchaînements, la coutume pédagogique impose de tracer une petite boucle à l'intérieur de certaines lettres (telles les O, B, R, S ou V), appelées boutonnières ou œillets, au moment où la trajectoire change de direction. On peut se questionner sur cet usage car les élèves de maternelle rajoutent cet œillet après avoir tracé la lettre, comme s'il en était un signe distinctif; ils ne s'en servent pas comme d'une aide.

Ces copies montrent comment des élèves de grande section répondent à la consigne écrite de l'enseignant qui a soigneusement tracé des boucles dans les lettres O.

Différentes stratégies pour inscrire la boucle dans le O.

Il arrive même que des élèves tracent la boucle alors qu'elle n'est pas dans le modèle.

Donner un modèle avec les boucles dans les lettres ajoute des difficultés: il ne faut pas penser que cet attribut va permettre à lui seul de favoriser les liaisons. Il vaut mieux s'abstenir dans les modèles de classe. Si certains élèves ont déjà cette habitude, qui est difficile à réduire, veiller à son bon usage (boucle discrète).

• • Le sens de rotation des lettres rondes

L'exigence du sens de rotation des lettres rondes vers la gauche (sens inverse des aiguilles d'une montre) était directement lié à l'usage de la plume et de l'encre: la rotation à droite faisait exploser l'encre sur le papier rugueux. De nos jours, les outils pour écrire ont fait disparaître cette difficulté, mais on a gardé le sens de rotation comme étant inéluctablement lié aux lettres rondes. Ce qui conduit les enseignants à répéter à longueur d'année à leurs élèves: « Tourne le rond dans le bon sens ! »

À noter

La prise d'indice pour fixer le sens de rotation des lettres rondes ne doit pas s'appuyer sur l'environnement (« vers la porte » ou « vers la cour »): cette pratique est hasardeuse. Proposez plutôt une technique simple: conseillez aux droitiers de diriger le geste vers la main qui tient la feuille, et aux gauchers, *a contrario*, de s'éloigner de la main qui tient la feuille.

L'argument fréquemment donné veut qu'en respectant cette convention, à la fin du tracé du rond, la main se trouve idéalement placée pour poursuivre l'écriture, finir le tracé ou accrocher la lettre suivante. Ce qui est juste, à condition que l'achèvement du tracé positionne idéalement la main pour aborder la lettre suivante; sinon, les élèves «bricolent» les attaches et tracent une énorme boucle dans la lettre.

Le départ de la lettre O trop à gauche oblige à un tracé de boucle trop important.

Pour placer idéalement la main, il faut amorcer le tracé un peu à droite par rapport à une ligne verticale virtuelle qui passerait au milieu de la lettre. Ainsi, le crayon est bien placé pour continuer (on se réfère à la position des chiffres d'une horloge: placer le crayon sur le 1 ou 2 plutôt que sur le 10 ou le 11). Vous pouvez tracer la ligne verticale qui scinde en deux la lettre et travailler sur les différentes procédures avec les élèves pour matérialiser le point de départ.

Il est donc nécessaire de comprendre les problèmes que cette convention pose aux élèves pour les aider à adopter la rotation exigée. En premier lieu, il faut savoir que toute personne possède un sens de rotation spontané, soit vers la droite soit vers la gauche. Mais il faut apprendre à inverser ce sens spontané, soit pour acquérir la convention de l'écriture, pour ceux qui tracent spontanément vers la droite, soit pour écrire les chiffres 3, 5 ou certaines lettres (X ou B et D en capitales) pour ceux qui ont une rotation spontanée à gauche[13]. En observant les jeunes élèves en train de dessiner un rond, vous constaterez que beaucoup optent pour une rotation vers la droite.

13. Nous nous opposons en cela au document d'accompagnement *Pour une scolarisation réussie des tout-petits*, qui préconise un conditionnement gestuel précoce: «*Il n'est pas inutile, dès ce plus jeune âge, d'encourager les enroulements dans le sens inverse des aiguilles d'une montre, les tracés verticaux de haut en bas et les tracés horizontaux de gauche à droite qui seront dominants dans l'écriture manuscrite.*» De ce fait, on incite les enseignants à privilégier un seul type de gestuelle, ce qui contredit l'objectif d'éducation motrice globale et l'idée que le dessin et le graphisme ont leurs propres finalités et n'ont pas à être soumis aux règles de l'écriture, au risque d'en réduire la portée créatrice.

Autre difficulté pour les élèves: trouver le point de départ des lettres rondes (O, A, C, D, G et Q), qui participe au problème du sens de rotation. Prenons un exemple: pour écrire la lettre A du mot LA, l'élève doit, et c'est là la difficulté, positionner précisément l'outil scripteur. Il ne doit être ni trop haut, ni trop bas, ni trop loin, ni trop près de l'extrémité de la lettre L pour que le rond du A touche le L. Comme il n'est pas aisé en début d'apprentissage d'anticiper la distance, et en même temps de respecter la forme ronde de la lettre et de donner à la main la juste impulsion pour faire se rencontrer les deux lettres, ils choisissent bien souvent de se positionner à l'extrémité de la lettre précédente, avant de tracer le rond dans un sens ou dans l'autre. Ce problème de jonction est lié d'ailleurs à la question des coordinations visuo-motrices.

Pour aider les élèves à situer correctement le point de départ et acquérir le sens de rotation des lettres rondes, faites l'analyse de la lettre C qui nécessite un départ à « une heure» (indice fictif pris sur les chiffres d'une horloge, comme signalé plus haut) et la rotation sénestrogyre (rotation à gauche), comme pour les lettres rondes. La jonction avec la lettre précédente se fera correctement avec l'entraînement qui développe le guidage visuo-moteur.

Départ du premier O sur la crosse du H, rotation à droite.

On voit bien sur cet exemple les difficultés de raccordement entre les lettres. L'anticipation de la distance se fera par la répétition des exercices de copie de mots.

Vous pouvez utiliser également un carré pour écrire la lettre S, qui est difficile, afin de donner des repères: il faut démarrer dans l'angle du bas à gauche, tracer l'oblique jusqu'à l'angle supérieur à droite, puis tracer l'arrondi, en tournant dans l'angle inférieur droit.

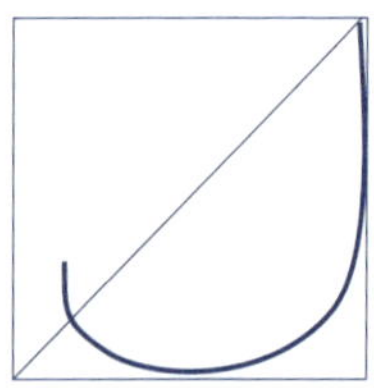

Il n'est pas utile de faire du sens de rotation de l'écriture un conditionnement absolu pour toute situation où il faut tracer un rond, que ce soit en graphisme ou en dessin. Il faut introduire simplement les règles de l'écrit sur l'écrit, et ne pas imposer systématiquement ces règles sans justification.

• • L'initiale du prénom

> *On acceptera que les majuscules à introduire soient écrites en capitales d'imprimerie. Les enseignants du cycle des apprentissages fondamentaux décideront du sort à réserver aux majuscules cursives en CE1.*
>
> (Document d'accompagnement des programmes: *Le Langage à l'école maternelle*)

Les prénoms doivent être écrits avec l'initiale en majuscule. Cependant, l'apprentissage de l'écriture de l'initiale en majuscule cursive, initiale « bouclée », dite majuscule « fleurie » (et parfois appelée « rococo »), n'est pas un objectif de grande section mais de CE1. Il est inutile donc d'en imposer la graphie en maternelle. Vous vous contenterez de la faire écrire en capitale d'imprimerie.
En revanche, la mise en place d'un atelier de calligraphie, avec l'objectif de développer à la fois une approche culturelle de l'écrit et une gestualité assouplie, peut initier l'apprentissage des capitales bouclées.

À noter

Pour toutes ces questions, les modèles d'écritures mis à disposition sur Internet ou dans des revues sont à prendre avec précautions.

Associer les lettres de différentes graphies

> *Faire correspondre les différentes graphies d'une même lettre et découvrir les équivalences entre les polices et les familles de caractères obligent à utiliser régulièrement dans la classe des alphabets différents.*
>
> (Document d'accompagnement des programmes: *Le Langage à l'école maternelle*)

Les élèves ont déjà fait des découvertes en moyenne section: ils ont élaboré des relations entre certaines lettres écrites en capitales et d'autres en script. Il est nécessaire de réactiver ces connaissances et de les installer si ce n'est déjà fait. La simple observation et connaissance de différents alphabets ne suffit pas.
L'étude des lettres cursives en cours d'apprentissage donne l'occasion d'établir les correspondances entre les graphies.
Faites élaborer des alphabets, écrire et trier des lettres, présentez des regroupements erronés pour stimuler les discriminations.

Écrire entre deux lignes

Progressivement, en maîtrisant ses tracés, l'enfant est amené à écrire sur une ligne, puis, si possible, en fin de grande section, entre deux lignes. L'évaluation de ces compétences au début de la grande section permet à l'enseignant de situer la progression de ses élèves et de moduler ses exigences en fonction de leurs possibilités.

(Programmes 2007)

Nous avons déjà souligné les contraintes que pose cette pratique lors des toutes premières séances d'apprentissage : en effet, les élèves doivent non seulement se centrer sur le tracé des lettres, leur forme et ductus, mais en plus essayer de rester rigoureusement entre les lignes.

L'horizontalité du mot étant relativement bien maîtrisée en grande section à l'aide du bord supérieur de la feuille (ce qui renvoie à la gestion spatiale de la feuille), le lignage se justifie surtout pour visualiser la structure des lettres, leurs proportions, et en harmoniser le tracé.

Pour résoudre ces difficultés :

– Choisissez de tracer les mots et les lettres devant les élèves, en les situant entre les lignes, pour visualiser leurs caractéristiques, sans pour autant l'imposer d'emblée aux élèves.

– Donnez des feuilles étroites et allongées (4 à 6 cm de hauteur) : vous observerez que les élèves réduisent naturellement le tracé des lettres.

– Une fois que vous aurez analysé quelques lettres des différentes familles pour réguler leur hauteur et homogénéiser leur tracé, proposez l'écriture entre deux lignes selon l'habileté des élèves (si ces derniers produisent des lettres moins déformées et s'ils respectent relativement bien l'horizontalité).

Pour débuter, l'intervalle ne doit être ni trop réduit ni trop important. Il est conseillé de :

– donner un intervalle, pour commencer, de 1,3 cm maximum ;

– passer à 1 cm dès que les élèves sont assez habiles ;

– proposer, en fin d'année, un écart de 0,7 cm et même de 0,5 cm pour certains élèves (ce n'est pas une généralisation : les habiletés individuelles sont encore fortement hétérogènes).

Le cours préparatoire continuera la réduction des réglures (0,4 puis 0,3 et 0,2 cm). En cas de difficulté, collez une bande étroite de papier de couleur sur la feuille d'écriture : une matérialisation plus concrète peut se révéler une aide efficace auprès de certains élèves.

Vous pouvez également varier les formats des feuilles, donner des cahiers d'écriture.

À noter

Écrire très gros se révèle être un obstacle, car les élèves ont du mal à anticiper leurs gestes : ils ont tendance à morceler le tracé, à interrompre le geste de façon inadéquate.

Donner à l'écrit sa dimension historique

L'écriture, c'est aussi une évolution, donc une histoire, celle d'un langage humain. Des premières traces jusqu'à la maîtrise d'un instrument de communication élaboré se dessine une évolution qui peut faire l'objet d'un premier aperçu dès l'école maternelle, dans un projet liant écriture, lecture documentaire et arts graphiques.

(Document d'accompagnement des programmes : *Le Langage à l'école maternelle*)

En moyenne section, il est déjà possible, comme nous l'avons vu, de montrer aux élèves différentes écritures ou alphabets en provenance d'autres cultures. Si cette approche n'a pas été faite, il est important de la proposer en grande section.

Il est également conseillé de montrer l'évolution de l'écriture à travers l'histoire : ne proposez pas des histoires fantaisistes de l'écriture (vous pourrez éventuellement les présenter comme des productions ludiques, récréatives), mais une histoire conforme aux thèses scientifiques. Recherchez dans le commerce ou sur Internet des documents, des revues, des articles qui vont vous aider à composer un petit fascicule (voir les ressources documentaires en annexe, p. 172).

Deux modalités sont possibles :

– La plus simple : vous pouvez choisir de raconter la naissance de l'écriture en vous aidant de votre fascicule qui comportera, chronologiquement, des reproductions de dessins gravés dans les grottes, de textes phéniciens ou cunéiformes, de hiéroglyphes, de grec, d'hébreu, d'arabe, de chinois, etc.

Vous accompagnerez la présentation des images par des explications assez simples. À cet âge, les élèves ne peuvent pas saisir la complexité des évolutions (du pictogramme au phonogramme).

– La plus instructive : vous pouvez aborder cette présentation en posant la question : « Si l'écriture n'existait pas, comment ferions-nous ? » Proposez aux élèves de faire chacun des dessins pour expliquer une situation simple. La question qui en découle induira le problème de la compréhension du message : « Les dessins sont-ils toujours très explicites ? »

Vous pouvez montrer un exemple particulièrement ambigu pour les sensibiliser. Par exemple, dessinez des cercles et demandez-leur ce qu'ils signifient: « Ce sont des roues ? Des pierres ? Des billes ? Des boîtes vues de dessus ? » L'objectif est de leur montrer que les pictogrammes personnels ne sont pas toujours compris par les autres. Comparez-les avec les pictogrammes actuels[14]. Discutez sur la nécessité d'élaborer un code commun de signification pour se comprendre.

Cette approche historique peut sembler complexe, car elle prend en compte les aspects temporels de l'écriture (plus délicats à appréhender pour les élèves que les simples contrastes visuels entre diverses écritures). Elle se révèle cependant abordable et très riche pour susciter la curiosité des élèves envers l'écrit.

L'expérience montre combien cette découverte les passionne: l'écrit n'apparaît plus comme un objet scolaire statique (comme le voient certains). De plus, cette évolution peut contribuer à dédramatiser les difficultés rencontrées, puisque l'écrit a connu une évolution qui permet de relativiser leurs propres tâtonnements.

Activités pour la période 3 : entraînement et généralisation

Objectifs :
- Consolider les acquis, s'entraîner.
- Écrire de petites phrases.

L'apprentissage de l'écriture cursive ne sera pas achevé en fin d'année scolaire, même pour les élèves qui sont devenus habiles, car les automatismes ne sont pas encore totalement construits et restent encore fragiles à cet âge. Écrire tous les jours est profitable. Les phases précédentes sont à reprendre systématiquement avec les élèves en difficulté.

14. En 1975, il a été introduit dans les écoles maternelles l'usage de pictogrammes pour sensibiliser les élèves à l'intérêt d'un codage commun pour communiquer et traduire graphiquement la langue orale. Chaque classe devait symboliser des objets, des personnes, des actions, à l'aide d'un système de signes. Cette pratique a montré ses limites: chaque classe créant son propre code, les échanges étaient impossibles, d'où la nécessité de créer un système de communication avec des signes stables et collectifs.

Installer les automatismes

C'est l'abondance, la diversité et la régularité des entraînements qui sont à la source de l'appropriation des conventions et de l'installation des automatismes.

Ainsi, continuez à écrire souvent sous les yeux des élèves, en reprenant systématiquement les conseils sur les enchaînements.
Variez les mots donnés à copier.
Donnez des écrits statiques, présentés sur étiquette, pris dans des albums ou affichés au tableau, loin des yeux.
Continuez les apprentissages en reprenant les phases décrites en première période.
Pour les élèves en difficulté, apportez des aides concrètes comme le fait de tenir la main ou de tracer sur la table avec le doigt, ce qui n'est pas toujours nécessaire en temps normal.

Copier des petites phrases

> *– Écrire des mots antérieurement copiés sous la conduite du maître, en écriture cursive avec le modèle (lettres formées et enchaînées correctement).*
>
> *– Écrire des mots en écriture cursive, avec le modèle seulement (lettres formées et enchaînées correctement).*
>
> (Document d'accompagnement des programmes: *Le Langage à l'école maternelle*)

La copie de phrases avec modèle, guidée par l'enseignant, est un objectif de fin d'école maternelle. Il faudra veiller aux intervalles entre les mots.
Il est conseillé de proposer des petites phrases individualisées: par exemple, donner un titre à une production en arts plastiques.
La difficulté réside dans la durée de la tâche, mais aussi dans la technique des retours à la ligne.

Mémoriser la graphie du prénom en cursive

L'écriture du prénom en cursive et de mémoire est un objectif de fin de grande section, avec « lettres formées et enchaînées correctement ».

Mettez régulièrement en place des exercices visant à exercer la mémoire volontaire sur des lettres et des mots:
– Commencez par un modèle cinétique (tracé sous les yeux des élèves).
– Laissez-les observer quelques secondes.
– Cachez le modèle, de façon à ce que les élèves l'écrivent sans support visuel.
– Passez ensuite au modèle statique.
– Dictez une lettre ou un mot assez court qui sera rapidement écrit sur une ardoise. Chronométrez le temps.

Créer des situations motivantes

Voici des exemples de mises en situation. Cette liste n'est pas exhaustive.
– Donnez à copier des mots ou petites phrases qui ont un sens vécu pour les élèves, qui parlent de la vie de l'école.
– Faites écrire le nom de famille, élaborer des cartes d'identité ou des arbres généalogiques.
– Faites l'étude de l'adresse postale de chaque élève; ils l'écriront sur une enveloppe et iront la poster. Envoyer une lettre à son propre domicile puis la recevoir est pour les élèves une expérience originale et étonnante: le rapport à l'objet « langue écrite » s'enrichit.
– Associez peintures, productions plastiques, albums de photos et écriture (sous-titrer les travaux...).
– Faites élaborer des affiches, des expositions de travaux.
– Mettez en place des correspondances. Par exemple, les élèves écriront eux-mêmes les petits mots adressés aux parents: « Demain nous allons à la piscine. »
– Faites faire des reportages.
– Proposez une boîte à secrets.
– Installez un arbre à messages: sur une branche morte, plantée dans un pot, accrochez des messages écrits sur de petits bouts de papier, pliés en quatre. Une fois par semaine, décrochez et distribuez ces messages pour une lecture collective.

– Faites écrire des mots verticalement, puis préparez des mots croisés très simples (il existe des collections de mots croisés destinés aux enfants de cet âge).
– Élaborez un projet de tutorat entre les élèves de grande section et ceux de petite ou moyenne section, pour des ateliers d'écriture. La valorisation est forte.
– Entrez en relation avec les classes de cours préparatoire qui pourraient venir en fin d'année montrer leurs travaux, partager des moments d'écriture.
– Donnez des supports aux formes variées, insolites.
– Introduisez de nouveaux outils, surtout si ça n'a pas été fait en moyenne section : craie blanche sur ardoise, plume d'oie, plume métallique et encre, calame, pinceau chinois, assortis d'écrits correspondants.
– N'oubliez pas les écrits sur ordinateur, l'usage du traitement de texte devient possible pour certains.
– Utilisez éventuellement une imprimerie.

Mettre en place un atelier de calligraphie

L'atelier de calligraphie a sa place pour de multiples raisons : il permet une recherche décorative et esthétique des lettres ; il permet la manipulation d'outils différents (plumes et pinceaux de diverses formes) ; enfin, il ouvre la voie à l'apprentissage des lettres capitales cursives bouclées.
– Apportez des reproductions d'enluminures, de lettrines du Moyen Âge, des modèles de calligraphies arabes, asiatiques, modernes (voir ressources documentaires en annexe, p. 172).
– Associez la calligraphie à l'écriture ou à la production de poésies pour un projet d'écriture qui revêt alors des dimensions multiples (pensez aux haïkus[15] dont l'architecture se prête bien aux productions enfantines courtes et imagées).

À noter

Enfin, montrez votre propre intérêt pour l'activité d'écriture : apprendre à écrire n'est pas une corvée mais une découverte qui fait grandir. Abordez cet enseignement en manifestant du plaisir, la rigueur requise n'est pas à confondre avec le rigorisme !

15. « Petit poème d'origine japonaise, comprenant trois vers et dix-sept syllabes, qui évoque la nature, les saisons. Le haïku est la poésie de l'instant fugitif. » (*Le Nouveau Littré*)

Partie III
Quelques questions récurrentes sur l'apprentissage de l'écriture

Au sujet du contenu

Faut-il examiner toutes les lettres de l'alphabet ?

Il n'est pas utile d'étudier systématiquement (ni dans l'ordre) toutes les lettres de l'alphabet : ce serait fastidieux et dénué d'intérêt, car hors contexte signifiant.
Si vous étudiez régulièrement, selon les techniques que nous proposons, toutes les lettres des prénoms ainsi que celles de quelques autres mots, à condition que ce soit un **travail collectif**, les élèves vont rencontrer et connaître un grand nombre de lettres outre celles de leur prénom. L'écriture des noms de famille est également une source d'informations intéressante.
Vous pouvez introduire l'analyse de lettres plus rares (K, W, X, Y, Z) en proposant la copie et l'étude de mots spécialement choisis.

De cette façon, on peut estimer que les élèves auront vu et appris à écrire la plupart des lettres de l'alphabet en fin de maternelle. Par ailleurs, le fait d'avoir été confronté à des situations qui développent le processus d'observation au cours des séances de travail (description, verbalisation, comparaison, guidage... aide les élèves à reconnaître et à reproduire avec facilité toute lettre en capitales et la plupart en cursive. Reste à connaître leur nom et leur « son ».

Y a-t-il des règles pour l'écriture en capitales d'imprimerie ?

De nombreuses revues et des sites Internet proposent des tracés assortis de flèches pour indiquer les directions (ou ductus) de l'écriture des lettres en capitales d'imprimerie ; mais ces modèles ne sont pas toujours légitimes. En effet, il n'existe pas à proprement parler de règle officielle pour ce type d'écriture, rarement utilisé au quotidien. Si, dans ces documents, le ductus conseillé est généralement de gauche à droite pour l'écriture de ces lettres, il est souvent contradictoire (par exemple : préconisation du ductus gauche-droite pour le A et le N, mais non pour le M). De plus, le ductus gauche-droite, s'il est tracé rapidement, est à l'origine de déformations : les segments ne sont pas équilibrés, les lignes obliques se courbent, le sommet des lettres s'arrondit.

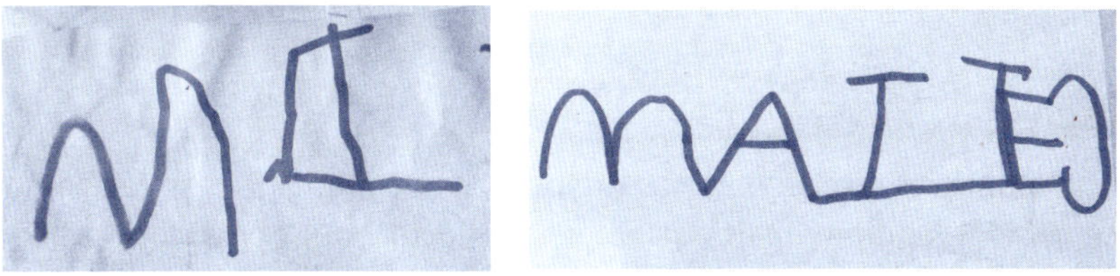

Exemples montrant la difficulté de tracer des formes « pointues » en suivant la trajectoire gauche-droite, ce qui conduit Mattéo à écrire la lettre M avec un tracé ambigu.

Les lettres capitales d'écrits publicitaires, les tracés fantaisistes, les diverses calligraphies où les lettres ont une autre forme : angles arrondis, droits… sont une source d'étude qui peut se révéler enrichissante pour l'analyse de la forme et du ductus.
Pour se donner une règle et la transmettre aux élèves, il suffit de se reporter aux ductus « historiques » : traits uniquement descendants qui permettaient à la plume de glisser sur le support sans griffer le papier. En suivant cette procédure, les traits sont bien droits et les lettres ne se déforment pas.

C'est pourquoi nous conseillons d'adopter cette technique qui n'aura pas de répercussions sur l'écriture cursive, dont le tracé est très différent. Dans la suite de la scolarité, l'écriture en capitales n'est pas couramment utilisée, si ce n'est parfois dans pour rédiger les titres. Elle ne devrait donc pas poser problème pour l'apprentissage de la cursive. De plus, le travail ultérieur sur le ductus de l'écriture cursive (description, verbalisation) sera un élément régulateur si besoin est.

Comment et que donner à voir aux parents ?

Communiquer aux parents vos orientations pédagogiques se révèle non seulement légitime, mais également productif pour impulser le rapport aux apprentissages des élèves.
Pour la plupart des apprentissages scolaires, et d'autant plus en écriture, les parents n'ont accès qu'aux résultats concrets de leur enfant, ignorant en cela tout le travail qui s'est fait en amont et se déroule en classe, au quotidien.

• • La réunion de rentrée

Explicitez vos options et les choix de l'équipe pédagogique pour l'enseignement de l'écriture, en soulignant les liens, plus ou moins proches, avec les autres domaines d'activité.
Présentez votre programmation en vous appuyant sur les programmes et sur le document d'accompagnement, tous deux très explicites. En cela, notre ouvrage est particulièrement utile : les propositions de progressivité pour chacune des sections et la méthode choisie vont dans le sens des instructions officielles et proposent une pratique raisonnable et raisonnée de l'enseignement de l'écriture. Montrez éventuellement des travaux effectués les années précédentes.
Rassurez les parents qui ont déjà initié leur enfant à l'écriture en expliquant que ce n'est pas un obstacle, mais qu'il est préférable de se concerter pour harmoniser les pratiques et ne pas rester sur ses propres souvenirs d'enfance, pas nécessairement légitimes.
Donnez des conseils au sujet des outils (choix des crayons) et des modèles qu'ils peuvent utiliser. On ne peut pas interdire certaines initiatives et un conflit de points de vue est toujours stigmatisant pour les enfants qui sont implicitement sommés de choisir. Telle ou telle pratique n'est pas systématiquement à exclure ; il faut simplement l'insérer au bon moment dans le déroulement du processus d'apprentissage en se posant la ques-

tion : que fait réellement l'enfant en exécutant cette tâche ? Quel en est l'intérêt à l'étape actuelle de son apprentissage ?
Insistez sur les activités qui vont aider l'enfant à entrer dans les apprentissages en général, et celui de l'écriture en particulier, en dehors des activités qualifiées de « scolaires » :
– Les manipulations qui nécessitent précision et adresse telles que les encastrements, les puzzles, les jeux de doigts, les tris et alignements de petits objets (cailloux, graines, boutons...). Les manipulations qui sollicitent l'usage des deux mains, comme les découpages, les jeux de balles, le fait de visser et de dévisser des couvercles, de boutonner des vêtements... Toutes les stimulations motrices autres que grapho-motrices qui requièrent habileté mais aussi attention et persévérance.
– Les stimulations motrices qui concernent le corps dans sa globalité et qui ont un rôle à jouer pour l'équilibre et la maîtrise posturale : jeux de plein air, courses, escalade, vélo, patins à roulettes, montées aux arbres, natation...
– Les dialogues au sujet des activités journalières pour développer l'expression orale, la mémoire, l'organisation des actions, les suites logiques : il s'agit de faire raconter aux enfants ce qu'ils ont fait, les faire anticiper, expliciter ou décrire.
– Les jeux de stratégie, les jeux de règles sont très efficaces pour développer l'attention volontaire et la mémoire : jeux de cartes, de dominos, de dames, etc.
Expliquez que l'activité d'écriture repose aussi sur l'ensemble de ces fonctions.

• • En cours d'année

D'autres moments de réunion, des entretiens informels vous permettront de rassurer les parents et de préciser l'avancée des apprentissages. Aidez-vous alors des travaux effectués en classe en présentant aux parents l'avancée des apprentissages individuels et collectifs.
Les travaux individuels seront regroupés par période ou par objectif d'apprentissage. Par exemple, pour l'apprentissage de l'écriture du prénom, réunissez les divers essais en un petit fascicule, joliment présenté (couverture décorée) : agrafez-les (évitez les collages sur un cahier vierge ce qui n'est pas très écologique), datez-les et commentez (exemple : « essais avec modèle », « essais sans modèle », « travail précis sur telle ou telle lettre »). Signalez le nombre d'essais de façon à mettre en évidence les progrès et les difficultés surmontées.

Préparez un écrit explicatif qui décrit sommairement, mais sous forme expressive, le travail réalisé au cours des nombreuses séances. Photocopiez ce texte et mettez-le en tête de chacun des fascicules. Par exemple:
Cette semaine:
– J'ai appris à écrire mon prénom.
– Je savais déjà le reconnaître sur les étiquettes.
– J'ai observé la maîtresse (le maître) qui l'a écrit sur ma feuille.
– Puis j'ai essayé d'écrire moi aussi.
– J'ai réussi certaines lettres (1er essai).
– Puis j'ai comparé mon travail avec le modèle et trouvé ce qui était pareil et pas pareil.
– J'ai expliqué comment j'avais fait.
– J'ai écouté et regardé comment faisaient les autres.
– J'ai recommencé (2e essai).
– Etc.
De temps à autre, apportez d'autres informations, par exemple: « aujourd'hui, nous avons découvert l'histoire de la lettre A », et illustrez par les travaux d'élèves.

Sur un album qui reste en classe, mettez les organigrammes relatifs à vos projets (vous pouvez choisir la périodicité: semaine, quinzaine ...). Nous recommandons un album spécifique pour l'écriture. Placez-y chaque jour un exemplaire des tâches effectuées par les élèves, toujours assorties d'explicitations, de photos qui illustrent certaines étapes du travail collectif: c'est en quelque sorte un cahier de préparation et de suivi, qui retrace la vie de la classe et les progrès accomplis. Vous y noterez les objectifs d'apprentissage et commenterez les résultats atteints ainsi que d'éventuelles observations sur le déroulement des activités. Vous pouvez choisir de coller des travaux réussis ou non. Faites-en des photocopies pour ne pas démunir les livrets individuels, sans mettre le nom des élèves concernés pour respecter les sensibilités. Cet album sera constamment exposé dans un endroit accessible par tous les parents sans qu'ils soient toujours obligés d'en faire la demande.
Vous le feuilletterez de temps en temps avec les élèves de la classe pour réactiver la mémoire de la vie collective.

• • Exposer les travaux

Les affichages de travaux de peinture, de créations d'objets, de décorations et de jeux graphiques peuvent être légendés par les élèves eux-mêmes, dès la moyenne section lorsqu'ils maîtrisent suffisamment le tracé des lettres (copie des textes). Ils écrivent le titre, leur prénom et éventuellement la date d'exécution. Pour votre part, vous mettrez à côté de l'œuvre vos intentions pédagogiques. Il est dommage que de trop nombreux travaux demeurent uniquement décoratifs alors qu'ils ont donné lieu à un travail pédagogique important mais qui reste hermétique aux visiteurs (aux parents en particulier).

Vous pouvez également donner un titre à chaque œuvre : dès que possible, faites-le écrire par les élèves.

Au sujet des outils et des supports

Quel lignage adopter à chaque section ?

Pour débuter l'apprentissage de l'écriture, le meilleur support est le papier à dessin car sa texture « accroche » les tracés. Même si ce papier est coûteux, on peut y avoir recours.
Comme nous l'avons déjà souligné pour la petite section, évitez les supports trop lisses (pochettes plastiques, ardoises blanches) qui favorisent les déformations de l'écriture.
Le tableau noir, les ardoises traditionnelles et la craie sont intéressants pour exercer la maîtrise gestuelle.
En ce qui concerne le lignage des feuilles, nous avons également signalé qu'à notre avis, il n'est pas nécessaire, ni fonctionnel, de donner à écrire sur une ou deux lignes dès les premiers essais (voir la partie consacrée à la moyenne section, période 2, phase 3, p. 86).

• • Écrire sur une seule ligne

La contrainte de suivre la ligne ajoute aux difficultés d'écriture et attire l'attention sur un des aspects de l'écriture : l'horizontalité, qui se régule assez naturellement par la suite.
Au début de l'apprentissage, les élèves ont du mal à anticiper leur mouvement pour toucher la ligne : ils écrasent les lettres sur la ligne. Certains ne peuvent s'y appuyer ; d'autres, exceptionnellement il est vrai, pensent que la ligne fait partie intégrante de leur prénom. Si ces exemples sont peu nombreux, ils dévoilent néanmoins des difficultés latentes.

Il n'est pas obligatoire de faire écrire les élèves sur une ligne ; ils peuvent passer directement à l'écriture entre deux lignes, ce qui nous paraît plus pertinent.

• • Écrire entre deux lignes

Écrire entre deux lignes est un objectif de fin de grande section, alors que l'écriture sur une ligne est considérée comme un moyen terme pour y arriver, ce que nous avons déjà contesté.
L'écriture entre deux lignes est à maîtriser. C'est une étape pour écrire ultérieurement sur les cahiers lignés; cette pratique aide aussi les élèves à réguler et à harmoniser la forme et la proportion des lettres. Il faut donc conduire les élèves à respecter cette contrainte.

Cependant, cette pratique ne doit être proposée que lorsque les élèves ont acquis un certain niveau d'habileté; autrement, ils sont préoccupés par le respect du tracé dans l'interligne plus que par le tracé du mot ou de la lettre: toucher la ligne devient un objectif et non un moyen. Et ils ne parviennent pas forcément à l'atteindre, comme en témoignent les exemples ci-dessous.

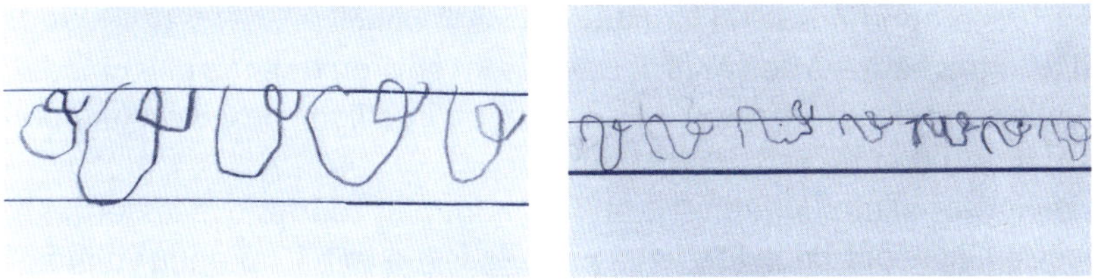

En début d'apprentissage (GS), les lignes ne sont pas des aides.

Il y a parfois incompréhension de l'usage des deux lignes (GS).

Voici un exemple d'évolution d'utilisation du lignage dans les deux sections concernées:
– En moyenne section, faire écrire entre deux lignes en capitales d'imprimerie lorsque les élèves maîtrisent raisonnablement le tracé des lettres (vers le mois d'avril ou de mai).
– En grande section, attendre également que la cursivité soit à peu près maîtrisée pour proposer le lignage; ou le proposer lorsqu'on aborde la question de la proportion des lettres hautes et basses.

On a remarqué cependant que les élèves prennent pour guidage le bord supérieur de la feuille et régulent assez vite les alignements horizontaux.

• • Intervalles conseillés

– Premiers essais en capitales en moyenne section : 2 cm pas plus (écrire en grand est un obstacle), puis réduire à 1,5 cm et enfin à 1 cm.
– En cursive : un écart de 1 cm est correct, mais on peut commencer par 1,3 cm, pas plus. Réduire ensuite à 0,8 cm puis à 0,6 cm en fin d'année (avril ou mai) pour certains élèves assez habiles.
– Au CP seront proposés des écarts de 0,5 cm, puis de 0,3 et de 0,2 cm. Il faudra sans doute débuter à 0,8 cm pour les élèves les plus maladroits ou même sans interligne pour ceux qui ont de grosses difficultés motrices.

• • Proportions

Voici les proportions selon les modèles traditionnels :
– Les lettres hautes à boucle (B, F, H, K, L) sont environ trois fois plus grandes que le corps de la lettre, soit 1,5 cm pour un interligne de 0,5 cm (mesure à partir du trait de base d'écriture).
– Les lettres hautes à trait vertical (D, T) sont plus courtes que les lettres à boucle. Elles font deux fois le corps de la lettre soit 1 cm pour un interligne de 0,5 cm (meusure à partir du trait de base de l'écriture).
– Les lettres à boucle basse (F, G, J) meusurent 1 cm à partir du trait de base.
– Les lettres basses à trait (P et Q) sont aussi longues que les lettres à boucle.

Si le modèle donné en classe comporte de légères divergences avec ces mesures, ce n'est pas un problème majeur ; l'important est de respecter les proportions : lettres hautes à boucle plus grandes que les lettres hautes à trait vertical, et lettres basses au moins aussi longues que les lettres hautes.

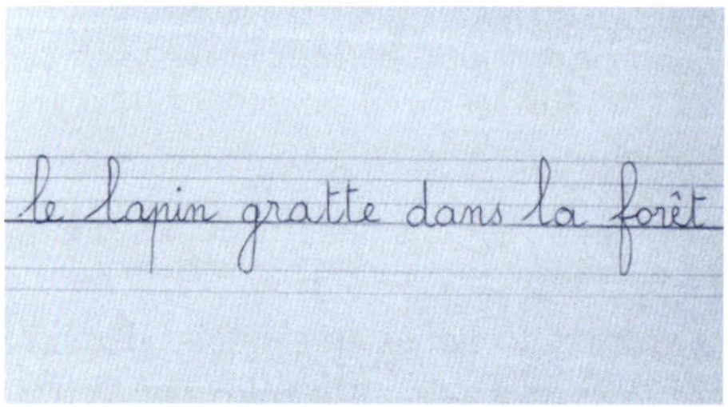

Proportions respectées de modèle avec lignage.

Vous pouvez proposer le modèle écrit entre deux lignes pour faire visualiser aux élèves les proportions entre les lettres, même si eux travaillent sur une feuille vierge de tout lignage. Ils prennent des indices et régulent d'eux-mêmes.

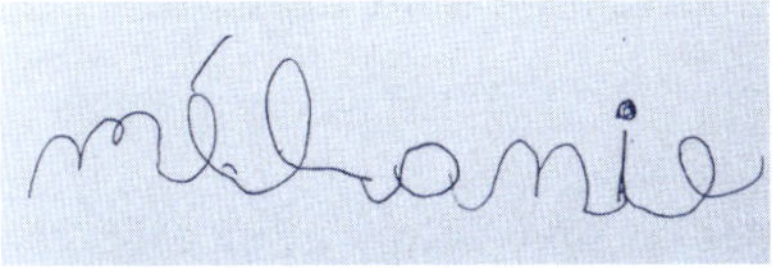

Exemple de non-respect des proportions pour la lettre L (GS début d'année).

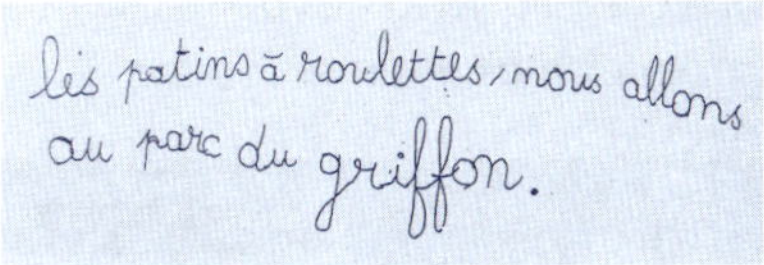

Exemple de proportions respectées sans lignage (GS en cours d'année après observation et verbalisation).

Pour aider à réguler la grandeur des lettres, faites écrire un mot ou une lettre, en très grand (corps de lettre de 5 cm au moins) puis en très petit (0,5 cm), plusieurs fois. Par la suite, les élèves respectent plus facilement les proportions.

Quelle tenue de l'outil préconiser?

Progressivement, vers quatre ans, la mobilisation des segments les plus utiles du bras permet la maîtrise du poignet, puis des doigts qui se «spécialisent». À partir de cinq ou six ans, l'élève a appris à manipuler plus finement les outils courants.

Il est capable de les tenir alors en pince entre trois doigts, comme un adulte, à condition que l'enseignant ait guidé la saisie, rectifié si besoin les mauvaises prises et aidé la mise en place de positions du corps confortables et efficaces.

(Document d'accompagnement des programmes: *Le Langage à l'école maternelle*)

• • La «bonne tenue» de l'outil scripteur

On peut se demander pourquoi il est question de «bonne tenue», compte tenu de la belle écriture de certaines personnes qui tiennent leur outil de façon très «originale».

Il est vrai que la «bonne» tenue de l'outil n'est pas une obligation en soi. Cependant, il vaut mieux enseigner les gestes qui évitent des contorsions des phalanges, du poignet, du bras et une mauvaise tenue corporelle. C'est une question d'ergonomie, c'est-à-dire de relation entre la personne et son outil (ou lieu) de travail, qui génère une meilleure performance et une moindre fatigue.

Il est important d'apprendre à bien tenir l'outil d'écriture pour éviter les crispations, la fatigue et la douleur musculaires, la lenteur d'exécution, les déformations du tracé, toutes choses qui rendent cette activité physiquement pénible et qui peuvent être à l'origine du désintérêt et même du refus d'écrire.

La tenue adéquate ne peut être entièrement obtenue chez les élèves de petite section : avec ceux-ci, il faut veiller essentiellement à une prise correcte au niveau des doigts, car il sera impossible ensuite de redresser les automatismes antinomiques.

Tenue correcte de l'outil présentée par un adulte.

• • Le rôle des outils

Autrefois, l'usage du porte-plume, de la plume et de l'encre obligeaient l'écolier à développer une forte vigilance motrice. En effet, il ne pouvait écrire qu'en positionnant correctement la plume, de façon à ce qu'elle ne pivote pas et qu'elle « accroche » le papier.

De nos jours, l'usage d'outils qui glissent facilement sur le papier ne permet pas le développement d'une maîtrise gestuelle qui favoriserait un tracé correct : le roulement de la bille avec les stylos et la fluidité du feutre ne facilitent pas la maîtrise des directions. En effet, ils mobilisent beaucoup d'énergie, notamment lorsque les techniques gestuelles de pression et de freinage ne sont pas suffisamment acquises (ce qui est le cas en début d'apprentissage).

• • Les conditions

Une des conditions pour une tenue efficace de l'outil est l'arrivée à maturation de certains muscles, dont le muscle fléchisseur du pouce (maturation vers l'âge de 2 ans). Le développement de la maîtrise gestuelle, qui se fait du centre (de la tête et de l'axe du corps) vers la périphérie (les extrémités des membres), favorise également la bonne tenue de l'outil.

Le jeune élève commence par tenir son outil de façon « palmaire » (à pleines mains). Puis, l'usage de divers outils de différentes formes et grosseurs (comme les pinceaux, les craies, les feutres, les bouchons, etc.), la maturation nerveuse et musculaire, les nombreux exercices scolaires

visant à développer la motricité fine, vont le conduire à acquérir souplesse et fermeté. Ses gestes seront mieux adaptés, moins coûteux et plus précis.
Cependant, la prise de l'outil pour écrire ne peut être laissée au hasard : c'est un geste tout à fait particulier, qui ne s'apprend pas en malaxant de la pâte à modeler ou en saisissant des gommettes avec le pouce et l'index.

• • La « pince »

Contrairement à la croyance commune, la tenue de l'outil scripteur ne se fait pas avec la « pince » du pouce et de l'index : ces doigts sont en position de pince uniquement pour se saisir de l'outil posé sur la table (pointe tournée à droite ou face à soi pour une prise fonctionnelle) ; le rôle du majeur est ensuite nécessaire pour bloquer l'outil.

L'outil est serré entre le pouce et la première phalange du majeur ; l'index est posé sur le corps de l'outil, pour le stabiliser, ni trop près ni trop loin de son extrémité : le scripteur doit voir le bout du majeur qui dépasse sous le crayon.
Si vous essayez de tenir l'outil entre le pouce et l'index seuls, puis entre le pouce et le majeur seuls, vous constaterez vous-même les effets sur la façon d'écrire. Cette expérience permet de souligner la nécessité d'utiliser ces trois doigts (pouce, index, majeur) pour assurer la stabilité, la maîtrise du geste et la force motrice.

Exemples de tenues problématiques :

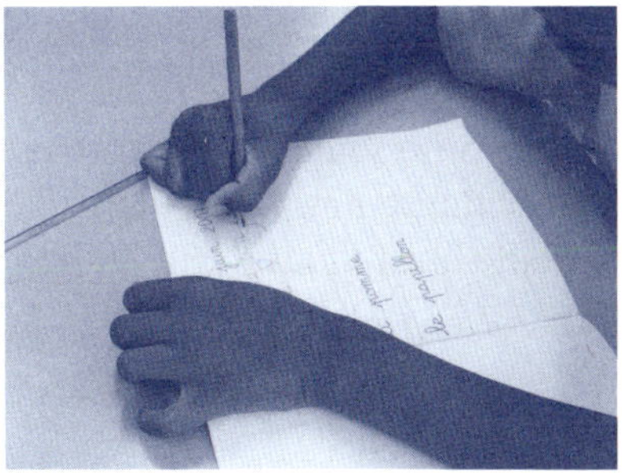

Élève de GS en fin d'année.

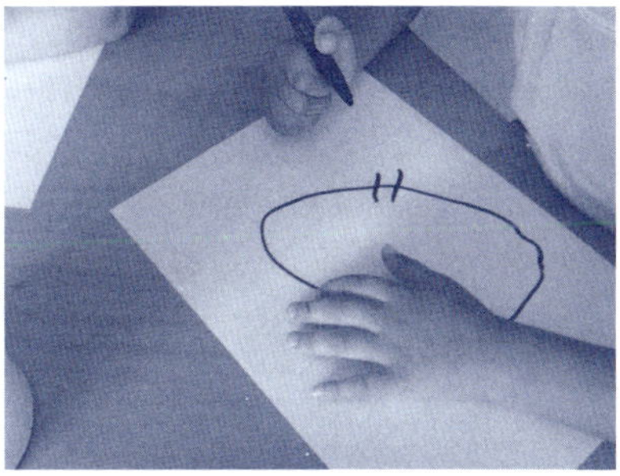

Élève de PS.

• • Position de la main et du corps

La main qui écrit glisse sur la table, en appui sur le côté externe (le petit doigt) et dans l'axe du bras (le poignet ne doit pas être cassé, en flexion forcée vers l'intérieur ou l'extérieur). La feuille est alors légèrement inclinée : vers la gauche pour les droitiers, vers la droite pour les gauchers (de façon plus prononcée pour ceux-ci).
Il faut placer la main sous la ligne d'écriture, mais cette position sera acquise petit à petit lorsque la maîtrise de la trace sera plus élaborée. Les élèves débutants placent la main au niveau de la ligne et même au-dessus.

La main se positionne au-dessus de la ligne ; de plus, la tenue du stylo est erronée (CP).

Le poignet doit être libre, il ne repose pas sur la feuille. L'avant-bras repose en partie sur la table, mais le bras ne doit pas s'étaler dessus. Le coude doit être libre pour assurer la mobilité de l'avant-bras et pour que l'épaule puisse commander le mouvement de gauche à droite. La position du bras évolue avec l'âge et l'aisance dans l'activité.
Le buste est souvent collé à la table, ce qui est normal jusque vers 6-7 ans ; il se détachera par la suite.
Ce n'est qu'à partir de 6 ans environ qu'une prise souple et adaptée est possible : le mouvement des doigts se désolidarise des mouvements du poignet et de l'avant-bras et le poignet adopte une tenue en semi-flexion, nécessaire pour écrire avec souplesse.

• • Tester des prises originales

Pour légitimer la « bonne tenue » et conduire les élèves à élaborer une prise de connaissance raisonnée de cette technique, mettez-les en situation de tester diverses prises (près ou loin de la pointe du crayon) pour ressentir les inconforts qui en découlent.
Proposez-leur de tenir le crayon entre le pouce et le petit doigt, entre le pouce et l'annulaire, et ainsi de suite pour tous les doigts. Puis demandez-leur d'écrire avec ces diverses pinces. Faites écrire avec le crayon tenu à

pleines mains, coincé entre les doigts, tenu par l'extrémité ou tenu tellement près de la mine que les doigts traînent sur le papier, etc. Rien ne vaut l'expérience directe pour ensuite adopter la tenue jugée la plus ergonomique.

Voici des exemples de tenues corporelles préjudiciables (élèves de GS, fin d'année, et CP).

L'élève soutient sa tête, position fréquemment observée chez les élèves et qui provoque une bascule du buste propice à l'installation d'une scoliose. De plus, l'élève tient le capuchon dans sa main libre, ce qui est une gêne pour l'équilibre et, de ce fait, la feuille n'est pas immobilisée.

Cette photo montre comment la taille du mobilier peut avoir une incidence sur la tenue corporelle : la table est trop haute, la chaise trop basse ; les épaules sont donc surélevées et le visage se situe au niveau de la feuille d'écriture, ce qui provoque une position couchée sur la main et entraîne des crispations corporelles. Soyez attentif à la taille du mobilier souvent à l'origine de mauvaises positons corporelles.

Avoir les yeux situés trop près de la feuille constitue un défaut habituel en début d'apprentissage ; il souligne la forte concentration de l'élève. Il faut intervenir mais néanmoins vérifier si ce n'est pas le symptôme d'une vision défaillante.

À savoir

Les problèmes dus à de mauvaises positions adoptées lors de l'apprentissage de l'écriture apparaissent plus tard (déviations de l'axe vertébral, douleurs musculaires ou tendinites, problèmes de vue).

Quelles doivent être les qualités de l'outil scripteur ?

Dès la petite section, l'élève va adopter certaines façons de tenir le crayon pour écrire qu'il sera par la suite très difficile de rectifier.
Vous trouverez ci-dessous des exemples de mauvaises tenues provoquées par des outils mal adaptés.

Trop gros, l'élève saisit l'outil à pleine main (tenue palmaire) ou d'une façon peu adaptée (tous les doigts s'y « agrippent »).

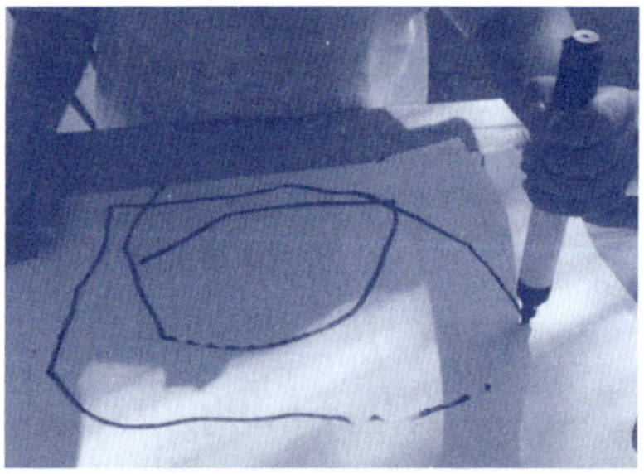

Élève de PS.

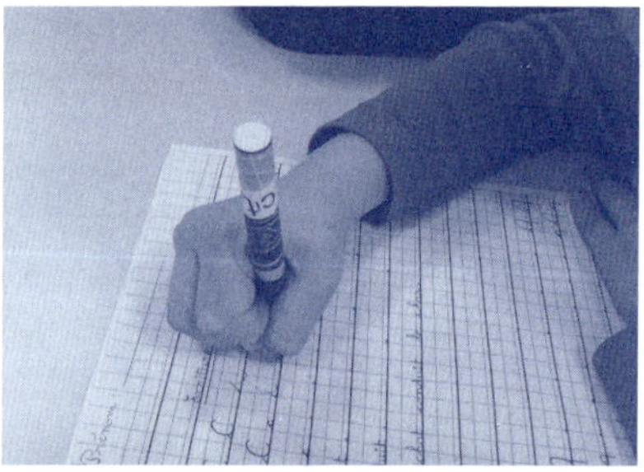

Élève de CP.

Trop fin ou trop long ou trop lisse, il faut le bloquer d'une façon ou d'une autre pour bien le maîtriser; ainsi, les doigts se crispent.

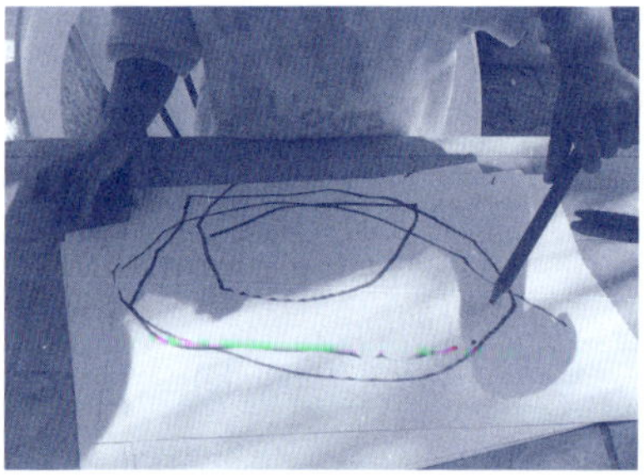

Élève de PS.

Élève de PS.

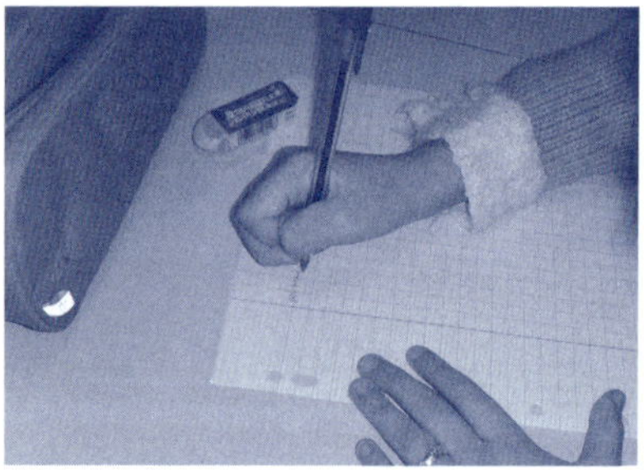

Élève de CP.

Trop court, il est difficile à manipuler

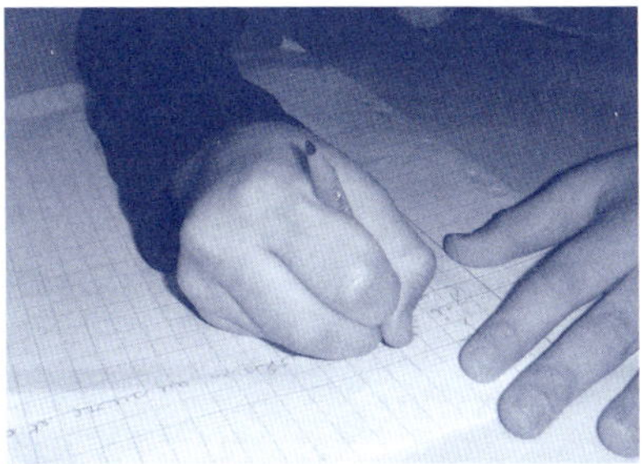

Élève de CP.

Ainsi, le crayon ne doit être ni trop long, ni trop court. Évitez les crayons au corps lisse et ceux qui sont trop légers.

Voici d'autres exemples d'outils inadaptés, dont la forme rend difficile la préhension :

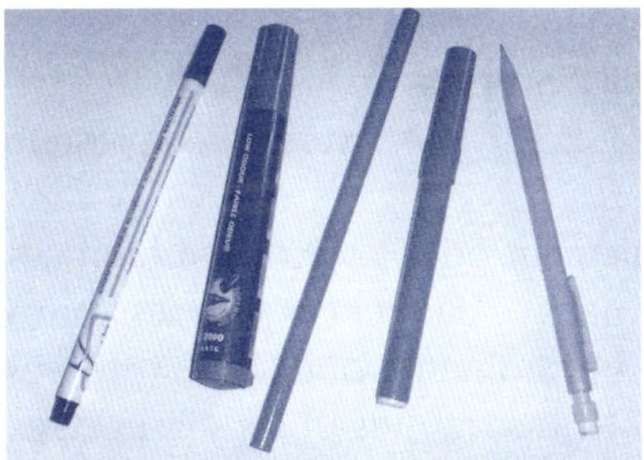

Voici à l'inverse des exemples d'outils adaptés :

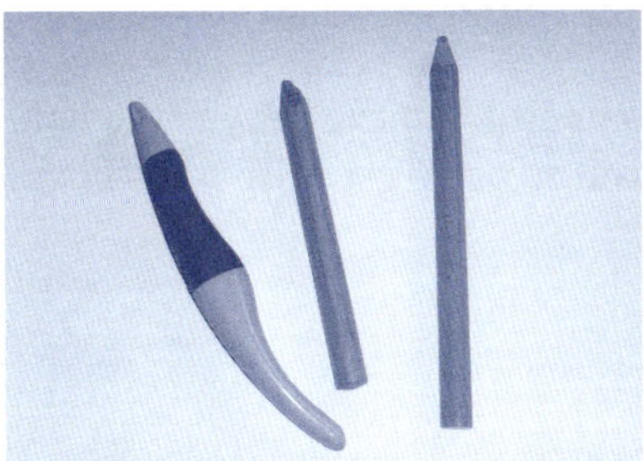

Au sujet des difficultés les plus courantes

Que faire avec l'écriture en miroir ?

Les élèves qui tracent des lettres ou écrivent des mots entiers en miroir ne sont pas rares; mais la plupart du temps, ce phénomène est épisodique. Il faut bien sûr y remédier mais avant, il est nécessaire, si possible, d'en déceler la cause.

Ce type d'erreur est dû principalement à l'inversion de la trajectoire (écriture de droite à gauche), ce qui se traduit par une inversion de presque toutes les lettres du mot.
L'écriture en miroir se produit principalement pour les écrits en capitales d'imprimerie et en script, en particulier dans ce dernier cas pour les lettres P et Q, B et D, ce qui peut entraîner un problème pour la lecture (les exercices de discrimination pour ces lettres sont plus utiles s'ils portent sur des mots plutôt que sur des lettres isolées). Le miroir est moins usuel avec la cursive.
Le plus souvent, la lettre est inversée par rapport à son axe de symétrie vertical (bascule de droite à gauche) comme pour les lettres L, F, E, G, R...
Il arrive que la lettre soit inversée par rapport à son axe de symétrie horizontal, ce qui est plus rare (bascule de haut en bas) : ceci arrive parfois pour le A, confondu avec le V.

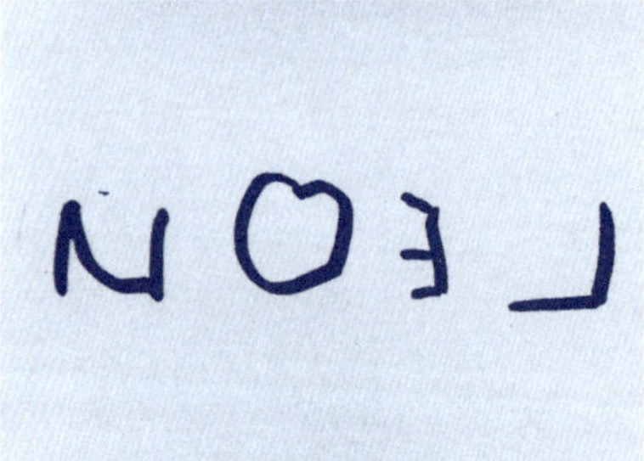

Exemple d'écriture en miroir : cet élève a correctement commencé sa copie, puis inversé les lettres E et L selon l'axe vertical. Ce qui laisse perplexe, car la lettre N est de loin la plus délicate à écrire, la plupart des élèves ayant du mal à situer convenablement le trait oblique.

Quelles sont les raisons à ces inversions ? Comment les réguler ? Nous proposons quelques pistes explicatives.

• • Les causes possibles

• Un problème de latéralisation ?

Les élèves les plus jeunes, qui n'ont pas encore construit complètement leur schéma corporel et leur latéralité, sont les plus susceptibles d'inverser les lettres. Pour eux, les règles de l'écriture (copie conforme et respect de la trajectoire) ont peu de sens.

• Un problème d'organisation perceptive ?

L'activité perceptive des jeunes élèves étant peu organisée, ils identifient l'allure générale du modèle sans pour autant établir des liens entre le tout et les parties qui le composent. Ce qui explique certaines copies incomplètes ou erronées. Il faut donc s'assurer que les élèves analysent bien le modèle. La pratique de la verbalisation pour décrire le modèle et la dictée à l'adulte permettent de résoudre facilement ce léger problème.

• Des problèmes moteurs ?

Ils sont rarement en cause pour les inversions. Néanmoins, dans le cas des plus jeunes élèves, les difficultés apparaissent lors du tracé des obliques pour l'écriture en capitales : la barre du N, par exemple. Concernant la lettre X, la difficulté est double : elle réside dans le tracé des obliques et dans la coupure du premier tracé par un autre trait. Ce problème se pose pour dessiner une croix ou une étoile : beaucoup d'élèves partent d'un point central autour duquel ils tracent un rayonnement.

Les croisements de lignes demeurent encore complexes en moyenne section. De nombreux exercices graphiques, ainsi que la verbalisation, réduisent cet obstacle temporaire.

Un autre problème moteur intervient lors de la jonction entre deux tracés : les difficultés consistent alors à anticiper la distance entre les deux formes, à positionner le point de départ de la deuxième forme et à doser la dynamique gestuelle pour pratiquer la jonction. C'est le cas de formes juxtaposées (pour joindre deux tracés à un point précis, pour accoler deux cercles, comme pour la tête et le corps dans le dessin du bonhomme) et des liaisons des lettres rondes (pour l'écriture du mot LA : joindre le tracé du A à l'extrémité de la lettre L).

• Des problèmes de sens de rotation ?

Toute personne possède un sens de rotation spontané des formes rondes, vers la droite ou la gauche[1]. Ce sens de rotation a été en partie gommé par l'apprentissage des règles de l'écriture. En début d'apprentissage de l'écriture, que ce soit en capitale ou en cursive, ce sens spontané peut poser problème pour tracer les lettres rondes. Si l'élève garde sa rotation naturelle à droite, les lettres rondes sont fréquemment inversées, en miroir. Ici aussi, la verbalisation et les entraînements permettent la régulation.

Hugo (MS) a un sens naturel de rotation vers la droite ; de ce fait, il exécute la rotation du G vers la droite. Comme il respecte la forme globale de la lettre, le tracé est alors en miroir.

• L'organisation spatiale des scripteurs ?

Dans certains cas, le face à face peut être également à l'origine de certaines inversions : l'un des élèves imite les gestes de son compagnon placé face à lui. Il écrit alors en cumulant deux inversions : en miroir et en inversion sur l'axe horizontal. Si vous pensez que cette organisation spatiale est à l'origine d'un problème, le mieux est de placer en ligne les tables et les chaises individuelles.

Cependant, on a constaté qu'en écrivant régulièrement sous les yeux des élèves, soit au tableau soit directement sur leur feuille, le fait de pratiquer la verbalisation, d'analyser des formes et des procédures pour écrire limitait et supprimait même ce problème.

On comprend dès lors que le fait de donner à copier un prénom déjà calligraphié par un ordinateur et de laisser repasser sur les lettres sans contrôle de la procédure peut être source de dysfonctionnement. Ces situations ne donnent aucune information pour exécuter correctement le travail attendu. L'élève en difficulté n'aura d'autres ressources que de faire comme son voisin, qu'il soit placé à sa droite, à sa gauche ou face à lui.

• L'orientation de la trajectoire ?

Lorsque c'est le mot entier qui est « en miroir », il s'agit le plus souvent d'un problème d'orientation de la trajectoire de l'écriture. Les élèves gauchers sont plus fréquemment concernés. Il faut donc vérifier si l'élève est *a priori* gaucher et si sa préférence manuelle est bien établie.

---

1. L. Lurçat, *Études de l'acte graphique*, Mouton, 1974.

Pour tester les élèves et voir s'ils ont construit leurs repères, faites cet essai : sur une feuille de couleur (ou entièrement peinte), collez un rectangle blanc au centre (suffisamment grand) et demandez aux élèves d'écrire leur prénom (ou un autre mot) sans leur signaler le point de départ. Observez-les : vous verrez ceux qui hésitent et cherchent par où commencer et ceux qui choisissent spontanément le départ à gauche ou à droite.

Pour résoudre ce problème, des enseignants ont pour habitude de mettre un petit indice en haut à gauche de la feuille afin de signaler le point de départ de l'écrit : soit un petit point, soit une flèche. Il faut le plus rapidement possible supprimer les indices externes pour que les élèves construisent des repères stables à partir de leur corps (repères égocentrés). En effet, beaucoup d'élèves tracent le point (ou la flèche) systématiquement en début de leurs écrits, comme s'il en faisait intégralement partie.

• • L'écrit n'est pas un objet

On peut aussi se poser la question du rôle joué par la présentation des lettres de l'alphabet sous forme de personnages, d'animaux ou d'objets. Si cette pratique est ludique et permet de capter l'attention des élèves, elle semble avoir parfois des effets négatifs, notamment chez les plus jeunes. En effet, on compare les lettres à des éléments qui n'ont pas une orientation fixe dans l'espace. Un objet, une personne, un animal, gardent leur identité quelle que soit leur position dans l'espace, quel que soit le point de vue de l'observateur ; mais une lettre inversée n'est plus reconnue comme lettre.
Voici une anecdote significative : en classe, une fillette manipule des lettres mobiles affublées de visages et de vêtements. Lors la composition d'un mot, voilà qu'elle les place à l'envers, de façon à ce que les visages dessinés se trouvent en contact deux à deux pour cette raison : « Les lettres sont des copines et se font des bisous. » Cette anecdote nous signale que les élèves ont tendance à oublier les consignes et à s'éloigner assez souvent des objectifs de la tâche, pour se centrer sur les aspects secondaires des objets à manipuler (comme la couleur). Or, ce sont les élèves les plus en difficulté qui se détournent le plus facilement de la tâche ; ils sont aidés en cela par tous les éléments attractifs qui n'ont aucun lien avec les objectifs réels d'apprentissage.

Comment dépister et aider les gauchers ?

On sait à présent qu'il ne faut pas contrarier les gauchers; encore faut-il détecter si ce sont de « vrais » gauchers pour ne pas fabriquer de « faux » gauchers. L'origine de la préférence latérale est diversement interprétée. La crispation au cours de l'apprentissage de l'écriture n'est pas nécessairement un signe de mauvaise latéralisation.
Le nombre de gauchers est relativement peu important : on comptabilise environ 10% de gauchers, 73% de droitiers, 8% d'ambidextres, le reste étant mal affirmé. Il y a plus de garçons gauchers que de filles gauchères et la latéralisation des garçons est plus lente que celle des filles.

• • Quels sont les inconvénients pour les gauchers ?

Dans la **vie au quotidien,** être gaucher peut être gênant : le nombre de droitiers étant largement dominant dans la société, la plupart des objets sont faits pour les droitiers (ouvertures de portes, levier de vitesse des voitures, frein à main, clavier numérique sur ordinateur...). Ainsi, il a fallu attendre longtemps avant de voir des ciseaux pour gauchers !

Être gaucher lors de **l'apprentissage de l'écriture** peut devenir un inconvénient : compte tenu de notre système d'écriture qui se déroule de gauche à droite, les gauchers sont gênés par le fait qu'ils ne peuvent visualiser ce qu'ils viennent d'écrire. Leur main balaie le texte, ce qui engendrait autrefois des problèmes avec la plume et l'encre et explique les interdits qui dominaient à cette époque (sans parler des interdits liés à la mauvaise réputation des gauchers : la maladresse, etc.).
Ils adoptent des postures de compensation qui sont source de fatigue : positionner la main au-dessus de la ligne d'écriture, soit en arrondissant le bras, soit en « cassant » le poignet.
De plus, on remarque qu'il est plus facile de « tirer » l'outil d'écriture plutôt que de le pousser, ce qui est le cas pour les gauchers dans les tracés de gauche à droite.

Gaucher écrivant avec la feuille droite et cachant le texte avec sa main. C'est une attitude classique en début d'apprentissage.

• • Détecter la préférence manuelle en classe

La prédominance d'un côté sur l'autre commence à apparaître à partir de 3-4 ans. À 4-5 ans, 40% des élèves hésitent, à 5-6 ans, cela diminue. À partir de 6 ans, la plupart des élèves ont stabilisé leurs préférences motrices.
La préférence manuelle pour écrire peut être différente de la préférence manuelle pour d'autres activités.
Une latéralité croisée (préférence droite ou gauche différente pour l'œil, la main ou la jambe) n'est pas un facteur de troubles.

• • Des tests pour dépister la préférence manuelle

Procédez à quelques tests simples pour détecter la préférence manuelle (ces tests ne sont que des indicateurs, ni absolus, ni uniques; ils peuvent seulement compléter vos observations):
- Donnez un paquet de cartes à jouer. L'élève doit tenir le paquet d'une main et distribuer de l'autre. Notez la main active, la plus habile pour tenir la carte entre le pouce et l'index lors de la distribution.
- Faites faire le mouvement des marionnettes. L'élève est debout, ses avant-bras tombent verticalement le long du corps. Demandez-lui de faire la marionnette avec une main, celle qu'il veut, ensuite avec l'autre. Notez le premier choix, la souplesse et la rapidité pour chacune des mains. Parfois, la main non sollicitée effectue involontairement le mouvement des marionnettes (il n'y a pas de dissociation des mains quand c'est la main non dominante qui fait les marionnettes).
- Tracez deux cercles (d'un diamètre de 4 cm environ), l'un à droite, l'autre à gauche d'une feuille placée horizontalement. Puis demandez à l'élève de faire des points avec un crayon en tapant, au signal et très vite, dans le cercle de droite avec la main droite, puis dans le cercle de gauche avec la main gauche. Vous observerez la tenue du crayon, la nature et la position des points: pour la main dominante, les points sont relativement centrés; pour la main non dominante, les points sont parfois à l'extérieur du cercle (ce sont souvent des traits plus que des points). Le manque de précision et d'habileté sont flagrants. En général, ce test (« le taping ») est assez discriminant.

• • Les aides

La **position de la feuille** est importante: faites-la pencher dans l'axe du bras de façon assez accentuée en plaçant la main sous la ligne d'écriture, afin d'éviter le balayage de la ligne et de voir ce que l'on écrit.

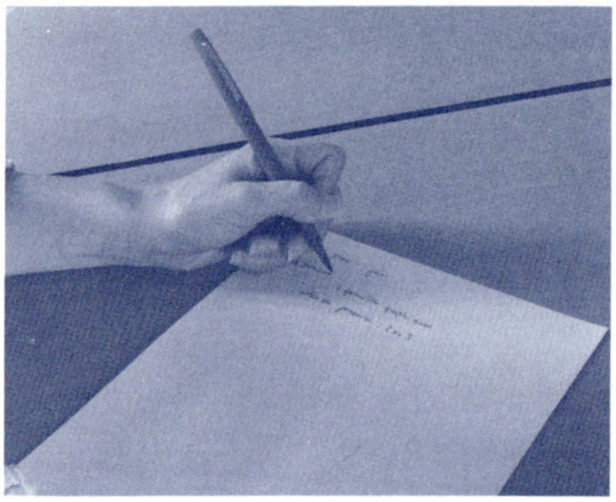

Position correcte d'adulte : feuille légèrement inclinée dans l'axe du bras ; la main en flexion modérée ne cache pas l'écrit.

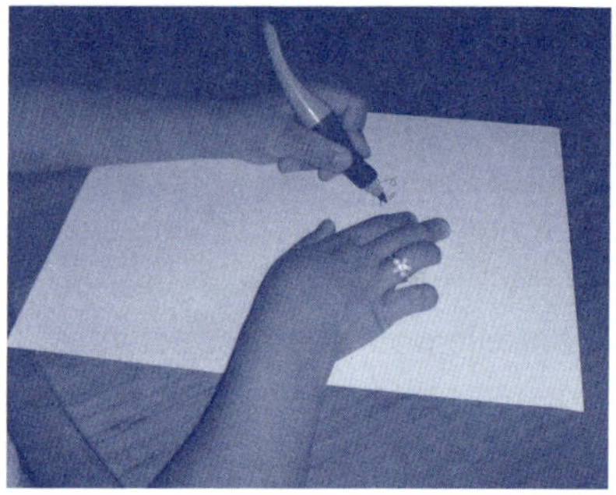

En revanche, la feuille est ici excessivement penchée (CP).

Concernant les **outils**, il existe des crayons pour gauchers, ce qui s'avère être d'une aide efficace surtout pour le début de l'apprentissage. Plus que pour les autres élèves, la qualité et l'entretien de l'outil scripteur sont importants. Équipez-vous par ailleurs de matériel pour gauchers : ciseaux...

Le **modèle d'écriture** est généralement placé à droite pour les gauchers, ce qui en favorise la lecture mais risque d'inciter le démarrage de l'écriture à droite (ce qui se traduirait par un écrit en miroir). Le mieux est de situer le modèle au milieu, en bordure feuille (ceci pour tous les élèves).

Soyez attentif à sa **place** dans un groupe : placez l'élève gaucher à la gauche du droitier pour éviter une gêne réciproque.
En cas de difficulté, faites tracer la lettre ou le mot à copier d'abord avec le doigt sur la feuille. Sans outil scripteur à contrôler, le mouvement sera plus facile à acquérir (ce qui vaut aussi pour les droitiers).
Si l'écriture est vraiment mauvaise, vérifiez la latéralité de l'élève concerné. Demandez-vous : est-il vraiment gaucher ? Est-il gaucher seulement pour les activités du quotidien autres que graphiques, pour jouer, manger par exemple ? Est-il ambidextre, gaucher pour dessiner, droitier pour écrire, comme semble le montrer cet élève ?

Ambidextre ou non encore latéralisé ? Cet élève de PS écrit de la main droite, mais change de main pour dessiner (plusieurs essais révèlent une pratique constante).

Une **rééducation graphique** par des spécialistes est parfois nécessaire, notamment en cas de dysgraphie avérée.

Vérifiez l'acquisition du **schéma corporel** des élèves qui se manifestent comme gauchers : ils doivent bien connaître la gauche et la droite, sur eux et sur autrui. S'ils manifestent des difficultés (en grande section), conseillez de consulter un rééducateur.

Veillez à l'orientation de la **source d'éclairage** pour que la main ne fasse pas de l'ombre sur la feuille.

Proposez des **situations-problèmes** à toute la classe : tracer des lignes, des cercles, découper, tracer avec une règle, de la main droite, puis de la main gauche. Discutez du résultat et des difficultés rencontrés.
Pour les plus jeunes (petite section), proposez d'effectuer systématiquement des tracés des deux mains durant quelques semaines.

Il faut surtout dédramatiser : écrire de la main gauche dans notre système alphabétique ne pose pas plus de problème qu'écrire de la main droite en calligraphie ou en écriture arabe.

Quelles sont les différences entre dyslexie, dysgraphie et dyspraxie ?

On attribue trop rapidement les difficultés en écriture, les maladresses graphiques ou le tracé de lettres non conformes au ductus, à un symptôme dyslexique. C'est rarement le cas, il faut donc élucider ce que recouvrent les termes de dyslexie, dysgraphie et dyspraxie.

• • La dyslexie

La dyslexie est un trouble durable et persistant de l'acquisition de la lecture qui se manifeste chez des élèves ayant un bon niveau intellectuel et une bonne perception visuelle et auditive, et pour lesquels aucun facteur d'ordre socio-économique, médical ou éducatif ne peut expliquer les difficultés qu'ils rencontrent.
L'observatoire national de la lecture (1998) signale que les dyslexiques ne constituent qu'une partie des mauvais lecteurs : sur environ 10% de mauvais lecteurs, moins de 5% seraient effectivement des dyslexiques. Moins de

1% présenteraient une déficience dite « sévère » (ces chiffres sont parfois contestés : il existe plusieurs formes de dyslexie[2]).
En fait, la véritable caractéristique de la dyslexie concerne paradoxalement non pas la lecture (prise d'indices visuels) mais la discrimination sonore des mots : les sons proches sont imparfaitement différenciés.
Certains dyslexiques, mais seulement une minorité d'entre eux, présentent des troubles de la gestualité. Le résultat est souvent caractérisé par des irrégularités entre les lettres, des difficultés à maintenir la ligne de base : c'est ce que l'on dénomme alors dysgraphie.

• • La dysgraphie

Pour J. de Ajuriaguerra, l'enfant dysgraphique est « un enfant chez qui la qualité de l'écriture est déficiente, alors qu'aucun déficit neurologique important ou intellectuel n'explique cette déficience » (*Manuel de psychiatrie de l'enfant*, Masson, 1980).

Les facteurs les plus répandus dans la dysgraphie sont le développement moteur et l'organisation spatiale. C'est la raison pour laquelle on considère qu'il n'existe pas de dysgraphie avant l'âge de 7 ans.
La dysgraphie se manifeste par la raideur ou la mollesse du geste, des tracés trop légers ou écrasés, des lettres qui se télescopent, un relâchement graphique, de l'impulsivité, de la maladresse, de la lenteur ou de l'imprécision. Mais comme pour la dyslexie, ces troubles sont naturellement présents chez tous les élèves au début de l'apprentissage de l'écriture ; c'est leur persistance dans le temps (au CP et plus tard) qui est un signal de dysfonctionnement.

• • La dyspraxie

La dyspraxie est une difficulté motrice due à un trouble de la représentation corporelle et de l'organisation spatiale, qui concerne la planification et l'automatisation des gestes volontaires.

2. La **dyslexie phonologique** se manifeste par une difficulté particulière à lire les mots nouveaux (ou inventés), alors que la lecture des mots connus est nettement meilleure, voire totalement normale. Autrement dit, les difficultés d'identification des mots se manifestent au niveau de la procédure d'assemblage.
- La **dyslexie de surface** : les élèves sont tout à fait capables de lire des mots nouveaux ou inventés mais rencontrent, en revanche, des difficultés lorsqu'il s'agit de lire des mots irréguliers.
- Les **formes mixtes** : les formes pures de dyslexie phonologique et de surface ne s'observent que chez un tiers à peine des élèves dyslexiques. En fait, la grande majorité de ces élèves rencontre des difficultés, tant en lecture de mots irréguliers qu'en lecture de pseudo-mots.

L'élève dyspraxique conçoit bien les gestes, mais n'arrive pas à les organiser ni à les réaliser de façon harmonieuse : il est maladroit, lent et toutes ses réalisations motrices ou graphiques sont médiocres, informes, brouillonnes. Ses dessins sont pauvres et il accède difficilement à l'écriture cursive.

Ce qui peut sembler paradoxal, c'est que, assez souvent, cet élève n'est pas aidé par le modèle, la démonstration préalable ou la copie. C'est ce qui devrait alerter les enseignants de maternelle où le recours au modèle, graphique ou gestuel, domine. Ces élèves réussissent mieux avec une consigne orale, et sans démonstration. Par ailleurs, ils ne présentent pas de difficultés d'apprentissage, mais leur handicap graphique peut se traduire par une pathologie psychoaffective ou socioculturelle.

La dyspraxie constitue donc un véritable handicap, non pas en termes de santé, mais de difficultés scolaires et sociales.

L'usage précoce d'un clavier (machine à écrire ou ordinateur) est souvent indispensable, dès la grande section de maternelle, et se présente comme la seule solution pour que l'élève puisse suivre une scolarité sans être lésé par des problèmes moteurs.

La pratique de la verbalisation de l'action, notamment la dictée à l'adulte, peut être une aide supplémentaire.

Annexes

Les caractéristiques des différentes graphies

La capitale d'imprimerie ou l'écriture bâton

La capitale d'imprimerie n'est pas à confondre avec la majuscule. La **capitale** est la « grande lettre » issue de l'alphabet latin dit « monumental » (gravé sur monuments). Elle est dite « capitale » en typographie (du latin *capitalis:* qui concerne la tête) car elle se trouvait en tête de la casse (tiroirs de rangement des caractères en plomb) en opposition avec la **minuscule** ou « bas-de-casse », dont les caractères étaient rangés dans les tiroirs du bas.

Les petites capitales sont des lettres capitales qui ont la grandeur des minuscules (elles ont la hauteur du corps de la lettre).

La **majuscule** est une lettre plus grande que les autres, écrite en capitale ou en cursive (dite majuscule bouclée ou « fleurie ») et placée au début de certains mots, initiale des noms propres, et au début des phrases.

La minuscule d'imprimerie ou l'écriture scripte

L'écriture dite « script » est la version manuscrite simplifiée imitant les caractères de la minuscule d'imprimerie. Elle a été conseillée un certain temps dans les écoles à partir de l'introduction du stylo-bille (1965), mais en réalité peu usitée. Les programmes de 2007 la déconseillent, bien que les reproches qui lui sont adressés au sujet des frontières entre les mots puissent également s'appliquer à l'écriture en capitale. Cet argument est à relativiser. Par ailleurs, si l'on réserve cette écriture à la lecture, on en restreint le champ, car elle est utilisée en cartographie, en architecture, en dessin industriel, pour rédiger des affiches, et très souvent par des adultes dont le but est de communiquer de façon lisible, compte tenu de la déformation de leur écriture cursive.

Nombre de pays, anglo-saxons notamment, apprennent l'écriture en caractères scripts. L'interdiction absolue de son usage dans les classes nous paraît excessive. Il est possible d'en aborder l'enseignement avec un objectif précis et limité dans le temps : tracer les lettres en caractères scripts permet une meilleure mémorisation de leur forme, ce qui en facilite la reconnaissance lors de l'apprentissage formel de la lecture. Les caractères scripts doivent être reconnus par les élèves de maternelle et associés à leur équivalent en capitales et en cursive.

La cursive

L'appellation « écriture cursive » est donnée à toute écriture tracée rapidement à la main, les lettres n'étant pas nécessairement liées entre elles. De nos jours, la dénomination d'écriture cursive est attribuée presque exclusivement à l'écriture liée, qui permet une exécution rapide car les levés de main sont réduits.

Dans les premières écritures dites « cursives », les lettres n'étaient pas liées :

- La première est la cursive égyptienne (hiératique).
- S'ensuit la cursive romaine minuscule, à l'origine de l'écriture Onciale : les moines *scriptoria* travaillent à partir de ce matériau en intégrant les styles locaux ou personnels, d'où une grande diversité de formes.
- Au VIIIe siècle, Charlemagne réforme et uniformise les différentes écritures régionales. Il impose la caroline pour unifier son vaste empire, écriture qui portera son nom (Charlemagne signifie *Carolus Magnus* en latin). La caroline sert de base pour d'autres écritures. C'est ainsi qu'elle donne naissance, vers l'an 1000, à la gothique (à l'origine de la bâtarde), principalement dans les pays anglo-normands puis germaniques. Les humanistes, eux, cherchent une écriture plus lisible, plus élégante, moins rigide.

S'élabore alors, au cours de la Renaissance italienne, la minuscule humanistique qui s'oppose à l'écriture gothique par ses formes rondes et élégantes. La cursive humaniste, rapidement tracée, acquiert une légère inclinaison. Elle donne l'italique (inventée par Niccolo Niccoli vers 1440), tandis que les chancelleries papales élaborent une forme particulièrement élégante, garnie d'arabesques, la *cancelleresca* (ou chancelière). Cette dernière forme se propage en France, en Espagne, en Hollande et en Angleterre.

Au XVIIe siècle, une nouvelle forme est adoptée : l'anglaise (qui dérive des écritures humanistiques). C'est une écriture penchée, bouclée, ornée d'arabesques, où toutes les lettres sont liées. L'anglaise dominera en Occident où elle a été enseignée dans les écoles jusqu'aux années 1950 environ, mais abandonnée pour cause de scoliose (ses détracteurs mettaient en cause une position inadaptée provoquée par le fait de devoir écrire penché : colonne vertébrale déviée, tête fortement inclinée).
C'est une écriture droite qui a pris le relais : une écriture anglaise redressée, « abâtardie » dit-on, car transformée.

Les modèles d'écriture cursive

Le problème qui se pose le plus souvent est de trouver des modèles d'écriture fiables qui fassent l'unanimité. Cette question a été longtemps négligée du fait de l'arrivée d'outils modernes (d'abord avec le stylo-bille, commercialisé en 1953 par le baron Bich et entré à l'école vers 1965, puis avec les crayons feutres crées en 1963) qui ont détrôné le porte-plume et l'encre. Dès lors, l'école ne s'est plus préoccupée de la question : écrire devenait presque facile.

Aujourd'hui, en l'absence de directives officielles, tous les maîtres enseignent une écriture droite, et, malgré une certaine culture commune, chacun est renvoyé à ses propres choix avec une grande liberté.

Le papier vierge destiné au photocopieur remplace même les cahiers, ce qui conduit à une perte de repères. De nombreuses revues, des manuels, des livrets et des fiches pédagogiques ou sites Internet proposent des modèles, qui ne sont pas toujours légitimes. Il est indispensable d'effectuer un tri, que les documents ministériels peuvent aider à faire.

Les modèles issus du concours initié par le ministère de l'Éducation nationale

Dans le souci de répondre à cette question, le ministère de l'Éducation nationale a organisé en 1999[1] un concours pour la création de modèles d'écriture cursive. Deux lauréates, dont les modèles d'écriture ont été publiés sur le site du ministère, ont été désignées en 2002.

1. B.O. n° 24 du 17 juin 1999 : « Force est de constater que les enseignants de l'école primaire ne disposent plus, aujourd'hui, des savoir-faire et des instruments qui leur permettraient d'enseigner à leurs élèves une écriture lisible, harmonieuse, rapide à tracer, bien adaptée aux instruments et aux supports contemporains, et susceptible de se personnaliser. »

Ces modèles devaient être diffusés dans les écoles, ce qui n'a pas été fait à ce jour. Ils donnent lieu à nombre d'analyses (voir notamment Le Roux, 2005) et de débats au sujet de la forme des lettres. Mais ce qui retient particulièrement l'attention, c'est que les écritures sont penchées vers la droite. J. Hébrard (IGEN) soutient, avec les calligraphes concernés, que l'écriture cursive penchée est la plus naturelle et la plus rapide. Reste à changer les réglures verticales des cahiers en obliques, ce que Hébrard[2] considère comme relativement secondaire dans la mesure, dit-il, où : « Actuellement dans les classes, on utilise plus volontiers le papier vierge destiné au photocopieur que des cahiers. »

Le colloque « Deux alphabets pour l'école », qui a eu lieu en 2005 au musée national de l'Éducation-INRP Rouen avec les deux lauréates du concours, apporte d'intéressants éclairages sur l'écriture.

Vous trouverez les actes du colloque sur le site :

http://www.inrp.fr/images/musee/pdf/colloque_alphabet.pdf

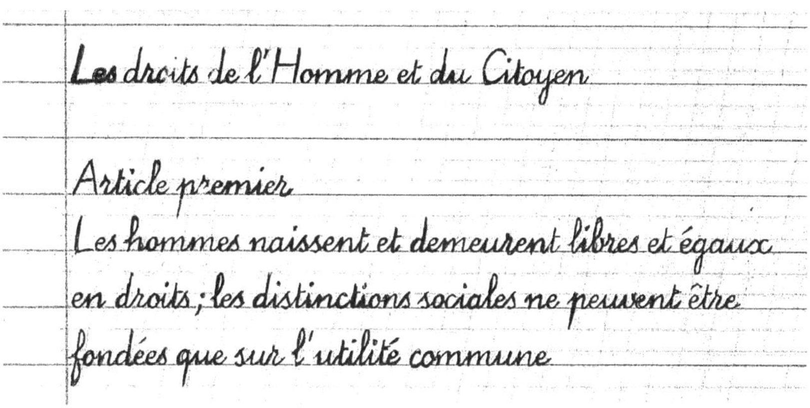

Modèle d'écriture des lauréates Laurence Bedoin-Collard et Héloïse Tissot.

Au premier regard, ce modèle semble plus proche de l'écriture traditionnelle. Cependant, l'inclinaison, qui s'appuie sur une réglure du cahier également inclinée, pose problème car les élèves doivent non seulement veiller au tracé des lettres, rester dans l'interligne, mais aussi régler leur trajectoire selon une inclinaison imposée. Si les boucles hautes sont conservées, contrairement à l'autre modèle, les lettres « m » et « n » ont un tracé proche de l'écriture script.

2. Intervention de J. Hébrard, inspecteur général de l'Éducation nationale au colloque « Deux alphabets pour l'école », 14 mars 2005.

> Article premier
>
> Les hommes naissent et demeurent libres et égaux en droits; les distinctions sociales ne peuvent être fondées que sur l'utilité commune.

Modèle d'écriture de la lauréate Marion Andrews.

Cette écriture surprend. À première vue, elle apparaît claire et nette bien que relativement austère. Les lettres B, F, G, H, J, K, L, ont perdu leur boucle, ce qui pourrait en faciliter l'apprentissage, notamment pour le F, toujours difficile à écrire. Cependant, le tracé de certaines lettres pose problème: le S prend deux formes selon qu'il est placé au début (type écriture script) ou en fin de mot. La lettre R est également tracée en script (on anticipe la déformation possible: son tracé peut s'étirer et se confondre avec le V). De même, la liaison des lettres B et R ne facilite pas la tâche (voir le mot « libre »).

Ces deux modèles éliminent les initiales bouclées et proposent les initiales en capitale, ce qui facilite les premiers apprentissages, ils nous semblent cependant peu adaptés aux premiers apprentissages, s'ils sont pris dans leur intégralité.

Un modèle issu du livret d'aide à l'évaluation

En attendant d'éventuelles propositions ministérielles, force est de choisir la forme d'écriture la mieux adaptée aux usages actuels en tenant compte des habitudes et des attentes des enseignants (l'écriture penchée n'est pas encore acceptée comme une écriture usuelle).

La seule forme qui puisse avoir quelque légitimité institutionnelle, semble-t-il, est le modèle proposé dans le livret d'aide à l'évaluation, publié en 1992, largement diffusé dans les écoles et à peu près oublié actuellement (voir page suivante). Il présente des mots et des phrases modèles à faire copier par les élèves de maternelle: ce sont des lettres droites, sans ajouts superflus (pas de petit rond dans le O, le R ou le B, etc.).

En revanche, ce livret présente les initiales en capitales bouclées, ce qui est prématuré : leur enseignement n'est requis qu'en CE1.

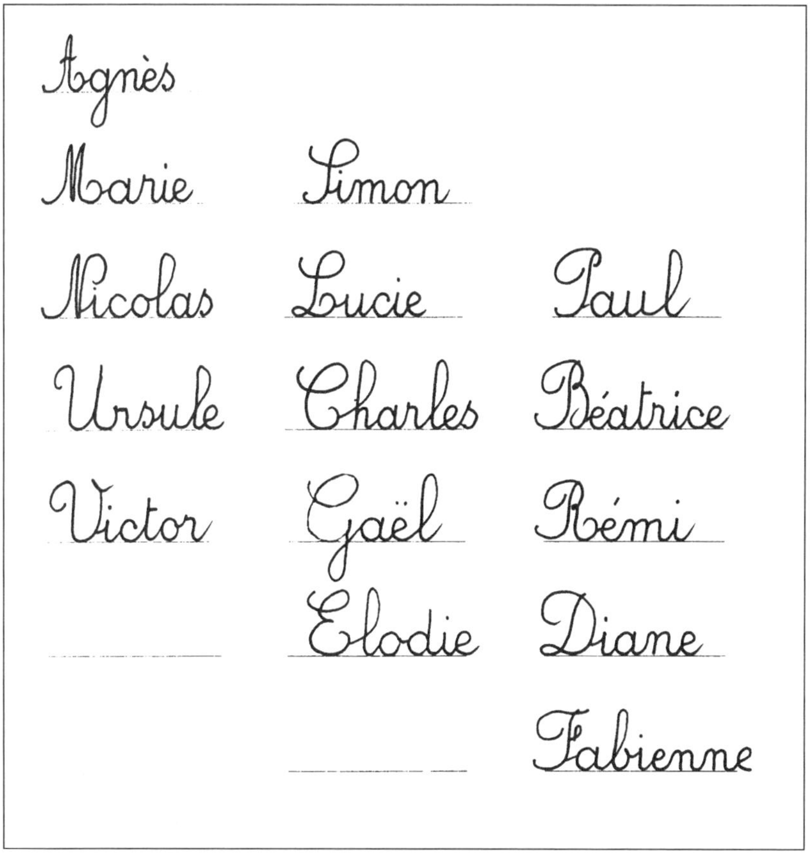

Source : MEN DEP/DE.

Quelques conseils

Évitez les boucles dans les lettres comme le O, le R ou le B (voir en grande section « les boucles dans les lettres », p. 122).
Fermez la courbure du S : on remarque que trop souvent le S en fin de mot s'ouvre de façon démesurée et de ce fait n'est plus identifiable.
Évitez les E cassés (tracés en deux temps), plus difficiles à tracer qu'une simple boucle. Mais certains élèves n'en sont pas gênés : vous pouvez les laisser faire, tant que la lettre n'est pas déformée.
Ne faites pas tracer les boucles des lettres B, F, L, H en mouvement circulaire (comme de cycloïdes), mais faites des boucles élancées, avec un trait descendant vertical ; autrement, ces lettres rapetissent et se confondent avec des E.
Faites respecter les proportions en écriture cursive.

Le critère fondamental à observer est la lisibilité, les lettres ne doivent pas se déformer, dès que vous le constatez, engagez une régulation, ne laissez pas s'installer des automatismes erronés. Chacun personnalisera son écriture plus tard, au collège.

Veillez à la qualité de vos modèles, les élèves ont tendance à reproduire fidèlement les erreurs. Si vous éprouvez des difficultés, tracez des interlignes pour vous guider, même si les élèves n'en ont pas sur leur feuille.

Textes de Victor Hugo et d'Arthur Rimbaud

• • Sur la route d'Aix-les-Bains

En sortant du lac de Genève, le Rhône rencontre la longue muraille du Jura qui le rejette en Savoie jusqu'au lac du Bourget. Là, il trouve une issue et se précipite en France. En deux bonds, il est à Lyon.

Au loin sur les croupes âpres et vertes du Jura les lits jaunes des torrents desséchés dessinaient de toutes parts des Y.

Avez-vous remarqué combien l'Y est une lettre pittoresque qui a des significations sans nombre ? – L'arbre est un Y ; l'embranchement de deux routes est un Y ; le confluent de deux rivières est un Y ; une tête d'âne ou de bœuf est un Y ; un verre sur son pied est un Y ; un lys sur sa tige est un Y ; un suppliant qui lève les bras au ciel est un Y.

Au reste cette observation peut s'étendre à tout ce qui constitue élémentairement l'écriture humaine. Tout ce qui est dans la langue démotique y a été versé par la langue hiératique. L'hiéroglyphe est la raison nécessaire du caractère. Toutes les lettres ont d'abord été des signes et tous les signes ont d'abord été des images.

La société humaine, le monde, l'homme tout entier est dans l'alphabet. La maçonnerie, l'astronomie, la philosophie, toutes les sciences ont là leur point de départ, imperceptible, mais réel ; et cela doit être. L'alphabet est une source. A, c'est le toit, le pignon avec sa traverse, l'arche, arx ; ou c'est l'accolade de deux amis qui s'embrassent et qui se serrent la main ; D, c'est le dos ; B, c'est le D sur le D, le dos sur le dos, la bosse ; C, c'est le croissant, c'est la lune ; E, c'est le soubassement, le pied-droit, la console et l'étrave, l'architrave, toute l'architecture à plafond dans une seule lettre ; F, c'est la potence, la fourche, furca ; G, c'est le cor ; H, c'est la façade de l'édifice avec ses deux tours ; I, c'est la machine de guerre lançant le projectile ; J, c'est le soc et c'est la corne d'abondance ; K, c'est l'angle de réflexion égal à l'angle d'incidence, une des clefs de la géométrie ; L, c'est la jambe et le pied ; M, c'est la montagne, ou c'est le camp, les tentes accouplées ; N, c'est la porte fermée avec sa barre diagonale ; O, c'est le soleil ; P, c'est le portefaix debout avec sa charge sur le dos ; Q, c'est la croupe avec sa queue ; R, c'est le repos, le portefaix appuyé sur son bâton ; S, c'est le serpent ; T, c'est le marteau ; U, c'est l'urne ; V, c'est le vase (de là vient qu'on le confond souvent) ; je viens de dire ce qu'est l'Y ; X, ce sont les épées croisées, c'est le combat ; qui sera vainqueur ? on l'ignore ; aussi les hermétiques ont-ils pris X pour le signe du destin, les algébristes pour le signe de l'inconnu ; Z, c'est l'éclair, c'est Dieu.

Ainsi, d'abord la maison de l'homme et son architecture, puis le corps de l'homme, et sa structure et ses difformités ; puis la justice, la musique, l'église ; la guerre, la moisson, la géométrie ; la montagne, la vie nomade, la vie cloîtrée ; l'astronomie ; le travail et le repos ; le cheval et le serpent ; le marteau et l'urne, qu'on renverse et qu'on accouple et dont on fait la cloche ; les arbres, les fleuves, les chemins ; enfin le destin et Dieu, – voilà ce que contient l'alphabet.

Extrait de *En voyage,* « Alpes et Pyrénées », Victor Hugo, Paris, 1839.

• • Voyelles

A noir, E blanc, I rouge, U vert, O bleu : voyelles,
Je dirai quelque jour vos naissances latentes :
A, noir corset velu des mouches éclatantes
Qui bombinent autour des puanteurs cruelles,

Golfes d'ombre ; E, candeurs des vapeurs et des tentes,
Lances des glaciers fiers, rois blancs, frissons d'ombelles
I, pourpres, sang craché, rire des lèvres belles
Dans la colère ou les ivresses pénitentes ;

U, cycles, vibrements divins des mers virides,
Paix des pâtis semés d'animaux, paix des rides
Que l'alchimie imprime aux grands fronts studieux ;

O, suprême Clairon plein des strideurs étranges,
Silences traversés de Mondes et des Anges :
– O l'Oméga, rayon violet de Ses Yeux !

Arthur Rimbaud, Paris, 1883.

Ressources documentaires

Bibliographie

Ouvrages théoriques

AJURIAGUERRA DE J., *L'Écriture de l'enfant*, Paris, Delachaux-Niestlé, 1964.

AJURIAGUERRA DE J., *Manuel de psychiatrie de l'enfant*, Masson, 1980.

AUZIAS M. et AJURIAGUERRA DE J., « Les fonctions culturelles de l'écriture et les conditions de son développement chez l'enfant », *Enfance*, nos 2-3, 2e-3e trimestre 1986.

BARTH B.-M., *Le Savoir en construction*, Paris, Retz, 1993.

BUKIET S. et MÉROU H., *Les Cahiers de la république*, Paris, Alternatives, 2000.

BROSSARD M., *Vygotski. Lectures et perspectives de recherches en éducation*, Villeneuve d'Ascq, PU du Septentrion, 2004.

BRUNER J., *Le Développement de l'enfant. Savoir faire savoir dire*, Paris, PUF, 1987.

DELEAU M., Préface de l'ouvrage de BRUNER J., *Le Développement de l'enfant. Savoir faire, savoir dire*, Paris, PUF, 1983.

FERREIRO E., *Lire écrire à l'école : Comment s'y apprennent-ils ?*, Lyon, CRDP, 1988.

FERREIRO E., *Apprendre le lire-écrire*, Lyon, Voies Livres, 1990.

LAHIRE B., *Culture écrite et inégalités scolaires. Sociologie de l'échec scolaire à l'école primaire*, Presses universitaires de Lyon, 1993.

LEROI-GOURHAN A., *Le Geste et la parole*, Paris, Albin Michel, 1964.

LE ROUX Y., *Apprentissage de l'écriture et psychomotricité*, Marseille, Éditions Solal, 2005.

LONGCAMP M., VELAY J.-L, ZERBATO-POUDOU M.T, « Le stylo et le clavier. Notre mode d'écriture influence-t-il notre perception de l'écrit ? » in *Écriture, approches en sciences cognitive,* Publications de l'Université de Provence, 2004.

LURÇAT L., *L'Écriture et le langage écrit de l'enfant*, Paris, ESF, 1985.

PAOUR J.-L., *Un modèle cognitif et développemental du retard mental pour comprendre et intervenir*, Thèse de doctorat d'état en psychologie, Université de Provence, 1991.

PROG. INRP, coordonné par M. BRIGAUDIOT, *Apprentissage progressif de l'écrit à l'école maternelle*, Paris, Hachette Éducation, 2000.

VYGOTSKI L. S., *Pensée et Langage*, Paris, Éditions sociales, 1934 (traduction F. SÈVE, 1985).

ZERBATO-POUDOU M.-T., « Apprentissage premier de l'écriture, nouvelles conceptions », in *Comment l'enfant devient élève*, Paris, Retz, 2000.

ZERBATO-POUDOU M.-T, « À quoi servent les rituels ? », CD-Rom de l'AGIEM, *Rites et rituels à l'école maternelle*, 2006.

• • Sur les activités graphiques

BUFFIÈRE DE LAIR M. et ZERBATO-POUDOU M.-T., *Activités graphiques et créatives*, collection « Les ateliers Retz », Paris, Retz, 2004.

DE LA CRUZ M., *Les Arts plastiques à l'école maternelle*, Paris, Retz, 2003.

SICK V., *Graphisme en petite section*, Paris, Nathan, 1991.

DENAT H., *Graphisme en moyenne section*, Paris, Nathan, 1993.

LOPEZ M.-H., *Graphisme en grande section*, Paris, Nathan, 1992.

• • Sur l'alphabet

OUAKNIN M.-A., *Les Mystères de l'alphabet*, Paris, Assouline, 2002.

• • Sur la calligraphie

STRIBLEY M., *La Calligraphie*, Paris, Dessain et Tolra, 1986.

• • Sur les modèles d'écriture

HAGEMAN P., *Nouvelle méthode d'écriture (droite, anglaise, batarde, ronde, gothique, etc.)*, Pantin, J. Herbin, 1998.

Sitographie

• • Sites officiels

Site du ministère de l'Éducation nationale
http://www.education.gouv.fr/ (livret d'aide d'évaluation)
Site de l'INRP
http://www.inrp.fr/images/musee/pdf/colloque_alphabet.pdf (actes du colloque : « Deux alphabets pour écrire »)
Site du CNDP
http://www.cndp.fr

• • Sur l'histoire de l'alphabet

http://caracteres.typographie.org/histoire/alphabet.html
http://www.lexilogos.com/alphabets.htm
http://classes.bnf.fr/dossiecr/atelier/mframe.htm (origines figuratives de l'alphabet et histoire de l'aleph qui a donné le A)

• • Sur la dimension historique de l'écrit

http://classes.bnf.fr/dossiecr/ (l'aventure des écritures)
http://crdp.ac-clermont.fr/cddp15/archives/artsign/pagesartsign/histecr1artsign.htm

• • Sur la calligraphie

http://calligraphia.planete-typographie.com/index.html
http://www.bleu.net/esperluette/
http://fr.wikipedia.org/wiki/Calligraphie
http://cbelouin.club.fr/index.htm

Direction éditoriale : Sylvie Cuchin
Édition : Charlotte Aussedat
Mise en page : Domino
Correction : Florence Richard
Photos : Marie-Thérèse Zerbato-Poudou

N° de projet : 10173187 - Dépôt légal : septembre 2008
Achevé d'imprimer en France en septembre 2010 sur les presses
de la Nouvelle Imprimerie Laballery - N° 009096

La Nouvelle Imprimerie Laballery est titulaire de la marque Imprim'Vert®

Le papier de cet ouvrage est composé de fibres naturelles, renouvelables, recyclables et fabriquées à partir de bois provenant de forêts gérées de manière responsable et durable.